유전보다 **더 강력한** 힘

키

성장력

1판 1쇄 ○ 2024년 1월 1일

지은이 ○ 이수경
기획 및 편집 ○ 장은실, 김병선
디자인 ○ 김은정 Relish
제목, 카피라이팅 ○ 김병선
교열 ○ 조진숙
인쇄 ○ 규장각

펴낸이 ○ 장은실(편집장)
펴낸곳 ○ 맛있는 책방 Tasty Cookbook
⌂ 서울시 마포구 마포대로 12 1715호
✉ esjang@tastycb.kr

ISBN 979-11-91671-12-4 13590
2024©맛있는책방 Printed in Korea

이 책은 저작권법에 따라 보호받는 저작물이므로 무단 전재와 무단 복제를 금하며,
이 책의 내용 전부 또는 일부를 이용하려면 반드시 저작권자와 맛있는 책방의 서면 동의를 받아야 합니다.
책값은 뒤표지에 있습니다.

유전보다 더 강력한 힘

키 성장력

The Growth Power

이수경 저

> 우리 아이 예상키보다 **10cm 더** 키우는 법

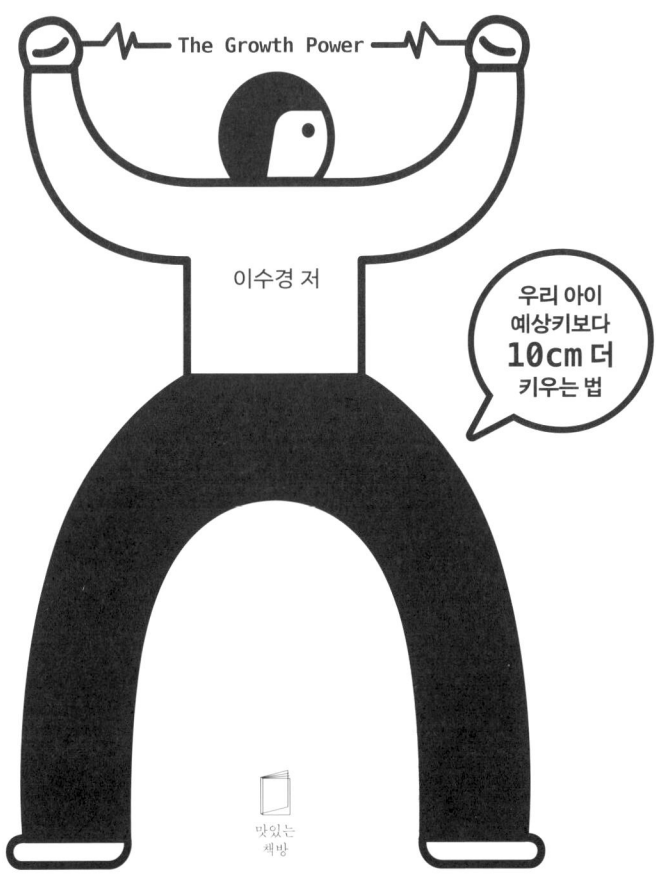

맛있는 책방

저자 이수경

고려대학교 대학원에서 운동생리학을 전공하고
박사 학위를 받은 후 2008년부터 17년째 약 10만 명 아이들의
키성장 전문가로 활동하고 있다.
'키만 크면 뭐해? 구부정한데!' '반듯하면 뭐해? 키가 작은데!'
이러한 난제를 해결하기 위해 키성장*Tall*과 바른 자세*Fit*를
동시에 해결할 수 있는 토털 성장 관리 시스템 톨앤핏*TallnFit*을 설립했다.
서울을 비롯해 경기, 대전 등 7개 지점을 직영으로 운영하며
직접 상담하고 있다.
YouTube 톨앤핏 TV 운영자이고, 톨앤핏 R&D센터
연구진들과 함께 톨앤핏 영양제 및 예측 키 프로그램을 개발하며,
대한민국 모든 아이들이 반듯하고 건강하게 성장할 때까지
멈추지 않겠다는 사명감을 가지고
오늘도 최선을 다하고 있다.

키성장력이란
무엇일까요?

우리가 살면서 건강이 최우선이라는 것을 언제 처음 깨닫게 될까요? 곰곰이 생각해보면 아이가 생겼을 때가 아닌가 싶어요. 아이가 태어나는 순간, 모든 부모는 아이가 건강하기만을 바랄 뿐 그 어떤 것도 욕심내지 않지요. 10개월 동안 품은 아이가 태어나 응애응애 우는 모습을 보며 우리 아이가 공부를 잘했으면, 돈을 많이 벌었으면, 크게 성공했으면 등을 생각하는 부모가 있을까요? 하지만 우리는 돌이 지나 4~5세만 되어도 아이의 교육에 너무 집중한 나머지 그 당시 느꼈던 소중한 것들을 잊고 지냅니다. 건강하기만을 바라던 부모의 마음을요.

아이들은 왜 키가 커야 할까요? 왜 꼭 그래야만 하는 걸까요? 우리 아이들이 성장기에 먹고 자고 생활하고 운동하는 모든 것의 결과물이 바로 키이기 때문입니다. 결국 키는 외모만의 문제가 아니라 건강의 문제라고 생각합니다. 사실 자녀가 건강하기를 바라지 않는 부모가 어디 있을까요? 아이의

키가 커지면 자연스레 체중과 근육량이 늘어나고 그것이 결국 뼈를 곧게
지지해주기 때문에 아이는 건강하고 반듯하게 성장할 수 있습니다

그럼 아이들은 어떻게 먹고, 어떻게 운동해야 할까요? 그리고 어떻게 피로를
풀어주어야 아프지 않고 긍정적인 아이로 쑥쑥 자라날 수 있을까요? 결국
이 모든 것이 키성장에 영향을 미치는 요인들이고, 이것을 개선해 키가
잘 크도록 돕는 일이 성장기의 아이를 키우는 부모들이 해야 할 일이라고
생각합니다.

지금 이 책을 읽고 있는 부모라면 아이의 공부만큼이나 아이의 키 고민에 잠
못 이루는 나날이 많았을 것이라고 생각합니다. 이제 그런 걱정은 그만하셔도
됩니다. 걱정한다고 아이의 키가 크는 것도 아닌데, 걱정할 시간에 우리
아이가 잘 클 수 있는 방법이 무엇인지 찾아야 합니다.

우리가 보다 건강하게 살기 위해 운동을 하며 기초 체력을 키우듯 키를
키우는 데에도 키가 크는 바탕이 되는 힘, 즉 키성장력 *The Growth Power*을
길러줘야 합니다. 그럼 이 키 크는 힘, 키성장력이란 무엇일까요? 키가 클 수
있도록 몸에 좋은 음식을 골고루 섭취하고, 그 음식들이 잘 쓰이고 제 역할을
할 수 있도록 운동하고, 몸을 아프지 않게 예방하고 관리하며, 피로를 최대한
빠르게 해소해 좋은 컨디션을 유지하는 힘을 말합니다.

아이는 건강하게 자라는 것이 먼저이지 단순한 키성장이 먼저가 아닙니다.
아이의 일상에 여유가 있어야 키도 큽니다. 매일 운동도 하지 않고 책상에만
앉아 있다면 키가 클 수 있을까요? 아이들이 건강하게 살 수 있는 밑거름이
되는 힘, 그것이 바로 키성장력이고 자연스럽게 키가 커지는 비결입니다.

 **PROLOGUE**

키성장? 도대체 그게 뭐길래…. 대치동 엄마들은 왜 아이 성적만큼이나 키에 열광할까요? 공부가 너무 중요해서, 공부할 시간이 모자라서 건강 챙길 시간을 잃어버린 대가로 작은 키를 얻는 것은 용납할 수 없습니다. 이제 성장 클리닉 검사와 성장 호르몬 주사는 영어, 수학 학원만큼이나 등록률이 치열한 필수 코스가 되어버렸습니다. 정말 우리 아이의 키성장은 성장 호르몬만이 답일까요?

저는 어느새 17년째 아이들의 건강한 성장을 위해 부모님과 학생들의 고민을 해결해주는 일을 하고 있어요. 그들과 상담하면서 '다 때가 있는데, 그 나이에 해야 하는 것들을 많이 놓치고 결국엔 이러지도 저러지도 못하는 상태가 되어서야 찾아오는구나' 하는 생각이 들 때가 많아 안타까운 마음입니다.

혹시 우리 아이도?

유치원생 부모 편식이 심하고 엄마 닮아 키가 작은가 싶어 열심히 먹였더니 키는 안 크고 배만 자꾸 나와요. 또 배를 앞으로 너무 내밀어서 걱정이에요.

초등학교 1학년 부모 아이가 영어 유치원에 3년을 다니며 책상에만 앉아 있다 보니 발목에 힘이 없고 보행 자세가 불안정해 자기 발에 스스로 걸려 계속 넘어지더라고요. 이것 또한 아이의 성장과 관련이 있나요?

초등학교 2학년 부모 우리 아이는 소아비만에 키도 또래보다 작아요. 그런데 지금껏 읽은 책이 1만 권이 넘어요. (아이고, 지금 뭣이 중헌디…)

초등학교 3학년 부모 딸아이가 병원에서 성조숙증 위험이 높다는 진단을 받았어요. 하지만 주사는 부작용이 걱정되어 맞히고 싶지 않아요. 과학고를 준비하고 있어 운동할 시간도 없는데 어떡하죠?

초등학교 4학년 부모 저희 딸은 4학년에 초경을 시작했어요. 3학년 때 공부를 너무 많이 시킨 게 후회가 되네요. 뭐라도 할 테니 제발 방법 좀 알려주세요.

초등학교 5학년 부모 키 150cm에 초경을 해서 조금 더 클 줄 알았는데 너무 안 커서 걱정이에요. 자세도 구부정한데 사춘기라 이제 제 말은 안 들어요. 그래도 엄마보다는 더 커야 하는데…

초등학교 6학년 부모 아들이 어렸을 때부터 살이 키로 갈 것이라 굳게 믿고 잘 챙겨 먹였는데 기다려도 키는 안 크고 가슴만 너무 나와 걱정이에요. 곧 중학생이 되는데 나중에 클 때가 되면 다 저절로 큰다고 했던 애들 아빠 말만 믿은 게 후회됩니다.

중학교 1학년 부모 중학교 입학 후 사춘기가 와서 말수도 줄어들고 친구들과 잘 어울리지 못하는데 이제 보니 남자아이들 세계에서는 공부보다 운동 잘하는 아이가 인기가 많다고 해요. 지금부터라도 운동을 좀 시켜야 할 것 같은데 운동 시작하면 키도 크고 체력도 좋아질까요?

중학교 2학년 부모 그동안 키가 작지 않았던 아들이 올해는 유난히 잘 크지

않는 것 같아 병원에 갔더니 성장판이 거의 닫혔고 성장 호르몬 주사도 늦었다는 청천벽력과도 같은 소리를 들었어요. 부모가 다 큰데 이게 말이 되나요?

중학교 3학년 부모 키가 작은 것도 문제인데 자세가 정말 안 좋아요. 거북목과 굽은 등이 너무 심해 종종 두통을 호소하는데 병원에 가면 아무런 이상이 없다고 해서 걱정이에요. 앞으로 좋아질 수 있을까요?

제가 그동안 경험한 다양한 사례들입니다. 저 또한 톨앤핏에 오신 분들 위주로 상담하고 있으니 아마 전국적으로 이런 고민을 하고 있는 부모들이 훨씬 더 많을 거라고 생각합니다.

많은 부모들이 '병원을 세 군데나 갔는데 다 딴소리를 하더라. 뭐가 뭔지 모르겠다' 하며 혼란스러워합니다. 인터넷에서 의사가 '키는 유전이다' 해서 포기했다가, 그래도 포기가 안 돼 노력했다가, 노력만큼 결과가 안 나오니 또 포기했다가… 결론은 푸념밖에 나오지 않는다며 한숨을 내쉬더군요. 옆에서 보기가 안타까워 때로는 속상하기도 하고, 화가 나기도 합니다.

그게 제가 이 책을 쓴 이유입니다. '내 아이, 왜 키가 안 클까? 부모가 작지 않은데? 어렸을 때부터 잘 먹였는데도?' 고민하는 분들에게 '내 아이가 공부만 잘하는 것이 아닌, 몸도 마음도 건강하게 성장하길 바라는데 어떻게 도와주면 좋을까? 적절한 타이밍에 제대로 된 관심과 노력을 기울이고 싶은데 과연 그 방법은 무엇일까?' 이 책이 그 해결책을 찾는 데 지침서가 되었으면 합니다.

많은 부모들이 아이의 성적 향상을 위해 일타 강사를 찾습니다. 아이의 키성장을 위해 이 책을 선택하셨다면 이미 키성장의 일타 강사를 만난 것과 다름이 없습니다. 저는 아이와 부모가 살아온 과정만 들어도 어떻게 하면 키성장의 목표를 달성할 수 있을지 다 보입니다. 앞으로 이 책에서 핵심만 콕콕 집어 우리 아이 키가 왜 안 크는지, 어떻게 성공적으로 클 수 있을지를 자세히 설명해드리겠습니다.

키가 작은 것은 병이 아니기 때문에 아이에게 치료의 방법으로 접근하는 것은 옳지 않아요. 병원에서도 성장 호르몬 주사가 치료 목적이 아니라 미용 목적이다 보니 보험 처리가 안 되지요. 그래서 무조건 주사부터 맞히는 것은 말리고 싶어요. 키 크는 데 좋다는 빠른 방법만 찾지 말고 근본적으로 키 안 크는 성장 방해 요인을 먼저 제거하면서 더 잘 크는지 관찰해보면 어떨까요?

경계성 고혈압이라고 해서 무조건 고혈압약부터 먹지는 않잖아요. 운동하고 식습관 관리하고 스트레스 안 받으려 노력하듯이 키도 약이나 주사부터 시작하지 말고 개선의 노력을 먼저 기울여야 해요. 더군다나 자신이 왜 키가 커야 하는지조차 모르는 어린아이들에게 과정보다 결과만을 바란다면 결코 좋은 성과를 낼 수 없어요. 이유가 분명해야 하고 무엇을 어떻게 선택해야 할지는 부모님의 손에 달려 있습니다.

17년 차 키성장 전문가가 제시하는 이 책을 통해 부모들이 더는 아이들의 키성장에 대해 우왕좌왕하거나 포기하고 자책하지 않기를 바랍니다. 키성장을 포기하는 것은 아이의 건강을 포기하는 것과 다름없기 때문이죠. 우리 아이의 키성장과 건강, 이 두 마리 토끼를 동시에 잡는 방법과 키 클 수 있는 힘, 곧 키성장력을 기르는 비결을 이 책을 통해 배울 수 있길 바랍니다.

우리 아이 키성장력을 높이는 부모 10계명

01.
아침 단백질은 성장을 위한 필수 재료다.

02.
불필요한 간식은 줄여라, 혈당을 높이는 주범이다.

03.
균형 잡힌 식단은 키성장의 기본이다.

04.
주 2회는 반드시 아이와 함께 운동하라.

05.
아이의 수면의 질을 높여라.

06.
일찍 재우고 아침형 인간으로 키워라.

07.
몸무게는 2주에 한 번,
키는 4주에 한 번 측정하고 기록하라.

08.
아이를 관찰하고 스트레스 원인을 찾아라.

09.
신체적으로 불편함이 있는지 주기적으로 체크해라.

10.
성장 호르몬 주사만이 정답은 아니다.

CONTENTS

1

우리 아이 건강하게 키우는 키성장력

1장
키 크는 방법, 왜 우리 아이에게만 안 먹힐까?

아무리 따라 해도 우리 아이만 키가 안 크는 이유 ·················· 030

성장 단계별 키성장력을 높이는 방법은 다 다르다 ············· 032

누구나 잘 클 수 있는 키성장력을 가지고 있다 ························ 036

2장
키는
유전 아닌가요?

예상키가 도대체 무엇인가요? ······· 040

IQ 낮아도 공부 잘 할 수 있고,
유전키 작아도 키 잘 클 수 있다 ······· 043

우리 아이 지금 잘 크고 있나요? ······ 046

성장 클리닉에 가면 무얼 물어봐야
하나요? ························· 048

3장
키 작은 아이들의
6가지 원인

언제까지 유전 탓만 하실 건가요? ···· 054

운동을 시키는데
왜 키가 안 클까요? ················ 057

많이 먹는다고 더 키가 클까요? ······· 061

수면의 양과 질,
어느 것이 더 중요할까요? ··········· 064

마음이 편해야 키도 더 잘 큰다 ······· 066

몸이 편해야 키도 더 잘 큰다 ········ 068

우리 아이 키성장력을
최대치로 높이는 비결

4장
**공부와 키,
둘 다 얻는 비결**

인생은 타이밍, 키도 타이밍
때를 놓치면 다 놓친다 ················· 074

성장 단계별 키 손실을
최소화하는 비결 ······················· 076

공부 vs 키,
어느 것이 성장하길 바랍니까? ·········· 079

공부와 키 두 마리 토끼를 다 잡으려면
어떻게 해야 할까요? ··················· 086

5장
**키성장력을 높이는
마음 근력 키우기**

아이의 성향을 알면 키성장력이 보인다 · 090

MBTI 유형별 키성장력 찾기 ············ 092

형제 서열별 키성장력 찾기 ············· 094

아이 성향별 키성장력 찾기	096
내 아이 제대로 관찰하기 미션!	102

6장 키성장력을 높이는 몸 근력 키우기

체력이 키를 좌우한다	106
운동과 키성장의 상관관계	109
우리 아이 운동 어떻게 시켜야 할까요?	114
키성장만큼이나 중요한 올바른 자세	117
키성장력을 높이기 위한 올바른 운동법	119
성장기마다 필요한 최적의 운동법	134
우리 아이 스트레스, 운동으로 줄여라	142

7장 키성장력을 높이는 식습관 키우기

비만은 키성장의 방해 요인	150
키성장과 비만의 상관관계	155
가짜 식욕 vs 진짜 식욕	157
성조숙증을 예방하는 식단 관리	159
키성장과 음식 또는 식습관에 관한 10대 FAQ	162
키성장력을 10배 높이는 식단 노하우	166
아이의 편식으로 힘들어 하는 부모에게	172

Q&A 성장 클리닉에서 상담을 하며 가장 많이 받는 질문 16 ·· 176

이 단어만은 꼭 알고 가세요!

- **키성장력** 키 크는 데 필요한 힘,
  즉 키 크는 힘을 표현하는 신조어입니다.

- **성장판** 우리 몸의 긴 뼈Long Bones 끝에 있는 말단 연골을
  말합니다. 연령이 높아지고 사춘기가 되면서
  이 연골이 서서히 굳어가는 과정을 성장판이
  닫힌다고 표현합니다.

- **성조숙증** 여자아이 만 8세 364일 이전에 가슴 멍울의 발현,
  남자아이 만 9세 364일 이전에 고환 크기의
  증가가 나타나는 것을 말합니다. 이 시기 전에
  성선자극호르몬분비호르몬GnRH 자극 검사를 통해
  황체형성호르몬(LH) 수치가 5 IU/L 이상인지
  확인 후 진단하게 됩니다.

● **성장 호르몬**

Growth Hormone, GH

뇌하수체에서 분비되는 호르몬으로 성장기 아이들의 성장은 물론이고 성인의 건강에도 매우 중요합니다. 충분한 강도 이상의 운동과 숙면 시 가장 많이 분비됩니다.

● **IGF-1**

Insulin-like Growth Factor 1

성장 호르몬의 자극에 의해 간에서 생성되는 인슐린 유사 성장 인자를 말합니다. IGF-1은 성장기 뼈 성장, 혈당 조절, 지방 분해, 근육량 증가, 근육의 회복에 관여해 혈액 검사 결과 결핍인 경우에는 저신장으로 이어져 주사 치료를 하게 됩니다. 결핍이 아닌 경우에는 적극적으로 '키성장력'을 높이면 키성장에 도움이 됩니다.

유전보다 더 강력한 힘, 키성장력
독자 후기

키성장에 대해 끊임없이 연구하고, 직접 수많은 솔루션을 찾아온 키성장 전문가가 자신의 지식과 노하우를 아낌없이 공유해주는 책입니다. 키성장에 대한 궁금증과 몰랐던 사실들을 들려주는 책이라 인상적인 이야기가 매우 많았어요. 올바른 키성장을 위한 목표 설정과 실천하는 법, 그리고 끈기가 그 결실의 밑거름이라는 사실을 확인할 수 있었습니다.

서초, 수연맘

키는 때가 되면 알아서 크겠지 싶었는데, 이렇게나 많은 원인이 있었네요. 이러한 원인은 한두 가지로 해결해서는 안 된다는 것을 전문가의 오랜 경험을 토대로 아주 직관적이고 쉽게 설명해놓은 책입니다. 또한 여러 상황의 예시는 이 책을 보는 부모님들에게 입체적인 정보를 제공해줍니다.

부천, 지훈맘

아이 키성장에 대해 갈팡질팡하는 부모들에게 훌륭한 지침서가 되어주는 책입니다. 다년간의 노하우를 잘 정리해 이해하기 쉽고 핵심을 짚어주네요!

반포, 지효맘

톨앤핏을 다니면서 아이가 1년 동안 10cm 이상 성장했습니다. 책에 나와 있는 저자의 명확한 솔루션대로 운동, 식단, 좋은 생활습관을 실천하면 됩니다. 우리 아이의 최종 키를 1cm라도 더 키우고 싶은 대한민국의 모든 부모들이 읽으면 도움이 될 것이라고 확신합니다.
대치, 은재맘

우리 아이가 또래에 비해 키가 작아 신경 쓰이는 데도 어찌되겠지 차일피일 미루어오던 중이었어요. 이 책을 읽고 모든 게 때가 있는 것처럼 더 늦기 전에 아이의 키성장에 적극적으로 참여해야겠다는 마음이 들었습니다.
성수, 숲맘

자녀의 키가 고민된다면 '지금, 당장' 이 책을 읽고 실천해보세요. 내 아이의 성격에 따른 MBTI 유형별 키성장력을 찾는 재미와 사례별 솔루션을 보고 실천한다면 자녀에게 키성장과 건강, 행복 모두를 선물해줄 수 있습니다.
강남, 채연맘

저자의 글에서 알 수 있듯이 100세 시대지만 성장할 수 있는 시기는 정해져 있어요. 얼굴이나 체형은 노력하면 개선될 수 있지만 키는 다 때가 있다는 걸 이 책을 통해 배웠습니다.
국민의 딸

이 책에서 키성장을 위해 제시한 여러 방법은 오직 키성장만을 위한 것이라기보다 신체가 온전히 발달할 수 있도록 돕고, 자세를 바르게 잡아주고, 건강을 증진시키고, 더 나아가 행복감을 가져다준다고 생각합니다.
위례, 혜수맘

주변에 키성장 호르몬 주사를 맞다가 부작용으로 중단한 아이들을 종종 보았습니다. 주사만이 해결 방법이라 생각했는데 아이마다 키성장이 더딘 이유가 다 다르고 그에 대한 해결 방안도 다 다르다는 것이 너무 충격적이네요.
성남, 지현맘

키성장은 유전이라는 말이 있지요. 하지만 어차피 바꿀 수 없는 유전이라면, 이 책에서 이야기하듯 키성장을 방해하는 근본적인 원인을 개선해 부모보다 조금이라도 더 큰 키를 만들어주고 싶네요. 성장 단계별 키성장 비결, 성장 클리닉 활용법 등 미리 알아두면 좋을 내용이 한가득 담겨 있어 아이 키우는 집에 한 권씩 선물해주고 싶을 정도랍니다. 학부모 필수 도서로 강추합니다!!
과천, 찬우맘

자녀의 키에 대해 걱정하는 많은 부모들이 이 책을 하루라도 빨리 읽고 자녀의 키성장을 위한 골든 타임을 놓치지 않았으면 좋겠습니다.
김포, 서라맘

키가 크려면 운동, 식사 조절, 수면, 스트레스 등을 관리해야 한다는 것은 알고 있었지만 이러한 것이 왜 중요한지 자세히 설명해주니 새삼 키성장 관리의 중요성을 한번 더 느끼게 되었습니다.
엄마 말은 잔소리로 듣는 우리 아이에게 이수경 원장님의 메시지를 꼭 들려주고 싶습니다.
잠실, 새내맘

MBTI 유형별로 알려주는 맞춤 키성장력 비결이 정말 재미있네요. 남매임에도 성격이 너무 달라 답답했는데 책에서 알려준 대로 케어를 하니 말을 너무 잘 듣습니다. 이 책을 보고 육아의 해답을 찾았어요! 성장에 대한 방향이 잡히니 어떻게 키워야 할지 조금은 알게 되었네요. 초보 부모들에게 정말 많은 도움이 될 것 같습니다~!
남양주, 다산맘

그동안 잘못 알고 있었던 정보와 소문을 바로잡고 키 크는 방법의 핵심을 뽑아 설명해주니 속이 시원합니다. 내 아이 '키성장' 과목의 일타 강사를 드디어 만난 기분입니다.
마포, 도윤맘

1%라도 우리 아이의 키성장에 대해 불안과 고민이 있는 부모라면, 내 아이의 상황과 성향에 맞게 성장을 관찰해볼 수 있는 좋은 지침서가 될 것입니다. 센터에서 수업 중인 입이 짧고 마른 외동아이를 키우는 학부모로서 상담에서 진행되던 내용들이 구체적인 설명과 예시로 책에 담겨 있어 우리 아이의 현재 식습관, 운동 습관, 스트레스 등을 한 번 더 되새겨봅니다.
고양, 시현맘

키가 작아 항상 스트레스를 받으며 살아온 부모로서 누구 못지않게 우리 아이 키성장에 많은 관심을 가져왔습니다. 그런데 지금까지의 관심은 무지(無知) 그 자체였음을 이 책을 읽고 깨달았습니다. '많이 먹으면 큰다', '고기 많이 먹어라', '밤늦게라도 해야 할 공부는 해야지' 등 아이에게 성장에 방해되는 행동을 시켜오면서 '키가 왜 안 클까?' 고민을 해왔던 것 같아요. 톨앤핏 성장 프로그램을 시작하고 하루하루 달라지는 우리 아이의 성장 모습에 뿌듯함을 느끼며 정신적 육체적으로 우리 아이가 잘 자라기를 바랍니다. 키성장력을 높이는 부모의 10계명을 당장 실천할 것을 다짐했습니다.
대전, 서원아빠

'키도 스펙이다'라는 말이 나올 만큼 현대 사회에서 외모 또한 중요시되고 있습니다. 사실 키는 유전적 영향이 크다고 생각해 후천적으로는 한계가 있다고 여겼는데 책을 읽고 나서 키성장에 관련해 너무 우물 안 개구리였다는 생각이 들었습니다. 책을 통해 아이의 성장에 대해 좀 더 정확히 알 수 있었고, 후천적인 요소도 중요하다는 사실을 깨닫게 되었습니다.
구로, 우진맘

아이의 바른 성장을 누구보다 바라는 부모의 마음이 느껴지는 책. '우리 아이가 왜 크지 않지?' 걱정했던 마음을 '우리 아이 이제 건강하게 성장할 수 있겠다' 하는 자신감으로 바꾸어주는 책. 아이의 키와 공부, 몸과 마음, 신체적 정서적 자신감을 키워주는 노하우가 담겨 있어요!!
과천, 율맘

책 표지의 '유전보다 더 강력한 힘'이라는 문구에서 간절히 바라지만 제대로 된 방법을 몰라 헤매는 부모들을 위해 전문가의 따뜻한 격려가 담겨 있다고 느꼈습니다. 여러 이유로 아이의 키성장이 걱정되는 분들이나 향후 한 아이의 부모가 될 분들은 이 책을 읽고 나면 분명히 시행착오를 줄이고, 공부와 선택을 통해 좋은 결과를 가져올 수 있을 것입니다.
서초, 진우맘

아이의 성장 속도가 좀 더뎌 고민하고 있던 차에 메마른 땅에 한 줄기 단비와도 같은 책을 만났습니다. 이 책에서 단순히 키가 커야 한다는 것이 아니라 몸과 마음을 모두 건강하게 성장시킨다는 부분이 마음에 와 닿았습니다. 거북목으로 숨은 키를 잡고, 아이의 성향별 성장력을 통해 얼마만큼 건강하게 키를 키울 수 있는지 세세한 정보가 큰 도움이 되었습니다. 이 책은 건강하게 키를 성장시키고 싶은 부모의 마음을 담은, 키성장 과정의 기록입니다.
잠실, 유진맘

다양한 케이스별로 맞춤 처방을 소개해 일상생활에서도 쉽게 적용할 수 있습니다. 또 성장 발달 단계를 제시해 현재 우리 아이가 어디쯤에 있는지 큰 그림이 그려집니다. 단지 키만 키우는 게 아니라 정서 케어, 바른 자세와 건강한 식습관 강조로 아이들에 대한 걱정과 애정이 느껴집니다.
잠실, 세 자매맘

1

1장
키 크는 방법, 왜 우리 아이에게만 안 먹힐까?

아무리 따라 해도
우리 아이만
키가 안 크는 이유

키성장? 키성장이란 단어는 어른들에게는 쓰이지 않습니다. 성장기 아이들에게만 쓰는 단어입니다. 그만큼 시기가 중요하다는 뜻입니다. 이 '키성장'의 핵심을 제대로 알려면 아이들의 성장 과정에 얼마나 다양한 요소들이 필요한지에 대한 이해가 우선되어야 합니다.

우리가 영어를 잘하려면 어떻게 해야 할까요? 3만3천 영단어만 외우면 저절로 영어가 되나요? 틈틈이 미드로 영어 듣기를 30분 정도 하면 영어를 잘할 수 있게 되나요? 아니죠. 단어도 외우고 문법도 공부하고 듣기도 하고 말하기도 연습해야 하죠. 그것도 아주 오랫동안 꾸준히 포기하지 않고!

이 모든 것이 다 이루어질 때 비로소 영어를 잘하게 된다는 것을 다들 모르지 않습니다. 그런데 키성장에 관련해서는 왜 그렇게 조급할까요? 우유를 매일 1리터나 마셨는데 왜 키가 안 크냐고 물어볼까요? 줄넘기를 매일 1000개씩 하는 데도 왜 키가 잘 안 크냐고 물어볼까요?

키를 키운다고 하는 수많은 방법들이 있지만, 왜 누군가에게는 통하는 것처럼 보이고 누군가에게는 통하지 않는 것처럼 보일까요? 사람의 몸은 다 다르기 때문에 동일한 방법이라 하더라도 결과는 다를 수 있고, 무엇보다 성장의 속도나 시기의 차이가 있기 때문입니다.

일례로 취학 전에 많이 먹여 아이의 키를 키우려는 부모도 있습니다. 체중의 빠른 증가는 또래보다 머리 하나만큼 더 크게 초등학교에 입학하는 데 영향을 줄 수 있을지는 몰라도, 그만큼 아이의 성장판을 빨리 닫히게 할 수도 있습니다.

그리고 많은 부모들이 가장 편하고 쉬운 방법을 택하기도 합니다. 아이의 식단은 고려하지 않은 채 단순히 영양제만 먹여가며 키가 크기를 기대하고, 아이의 운동 능력은 제대로 파악하지 못한 채 운동을 시키면서 도대체 왜 키가 안 크는지 모르겠다고들 합니다.

실제로 키성장 클리닉이 점점 많아지고 있는 추세이지만 안타깝게도 굉장히 단편적인 방법으로만 해결하려고 합니다. 하지만 키성장이라는 것은 단순하게 이루어지는 게 아닙니다. 그리고 성장의 시기를 고려하지 않고 그에 대한 이해와 설명 없이 '6개월에 7cm 크는 키성장 프로그램' 이런 밑도 끝도 없는 광고들을 볼 때면, 도대체 뭘 알고나 하는 건지 화가 납니다.

만약 초등학교 1학년 여자아이가 갑자기 6개월에 7cm가 크면, 많이 컸다고 좋아할 일이 아니라 성조숙증을 의심해봐야 합니다. 이렇듯 모두에게 일반적으로 해당하는 사항은 없습니다. 부족한 부분은 채우고 넘치는 부분은 또 줄이고, 느린 아이는 빨리 갈 수 있도록 돕고 빠른 아이는 천천히 갈 수 있게 도와주어야 합니다. 그러려면 아이마다 각기 다른 성장 단계를 파악하는 것이 우선이지요.

성장 단계별
키성장력을 높이는 방법은
다 다르다

평균 수명 100세 시대라고 하지만 키성장이 가능한 시기는 결코 늘어나지 않고 딱 정해져 있습니다. 생애 주기를 크게 영유아기, 아동기, 청소년기, 청년기, 중장년기, 노년기로 나누었을 때 키성장과 관련이 있는 시기는 결국 영유아기와 아동기, 그리고 청소년기뿐입니다.

영아기는 태어나자마자 단순하게 먹고 자고를 반복하며 특별한 노력 없이 폭풍 성장하는 시기입니다. 유아기는 섭취와 움직임에서 조금씩 성장에 차이가 나기 시작하는 구간이고, 아동기는 점점 운동, 수면, 스트레스 등 성장 환경 조건에 따라 차이가 더 벌어지는 시기입니다. 청소년기는 사춘기와 맞물려 이 시기를 어떻게 보내느냐에 따라 키 차이가 많이 나게 됩니다. 이렇듯 생애 주기 중 우리 아이들이 키가 성장할 수 있는 총 기간을 구체적으로 세분화해서 단계별로 나눈 것을 성장 단계라고 부릅니다.

태어나서 생후 1~2년은 '1차 급성장기'예요. 누구나 50±3cm 정도로 태어나서 돌이 되기 전까지 약 25cm가 크고 그다음 해에도 12~13cm가 크는 급성장기라 할 수 있어요. 이 시기는 특별한 노력을 기울인다고 키가 더 크는 건 아니므로 성장법이라고 할 것이 따로 없어요.

하지만 잔병치레가 많은 아이 또는 환경이 불안정한 아이들이(부모의 맞벌이로 계속 다른 사람들에게 맡겨져 불안이 크거나 동생이 바로 태어나 그에 대한 스트레스를 받는 등) 급성장을 방해받기도 합니다. 이 시기에 급성장을 못하면 자라면서 계속 작은 상태로 이어지는 경우가 많습니다.

이 시기가 지나면 초등학교 입학 전까지 1년에 약 7~8cm 전후로 크다가 입학 후 약 5~6cm 속도로 서서히 줄어들며 일반적인 성장을 하게 됩니다. 이처럼 2차 성징이 발현되기 전 유아동기를 '일반 성장기'라 부릅니다.

유아동기 때는 아직 근력이 약한 상태이므로 충분한 영양 섭취와 걷기가 필요한 시기입니다. 이 시기에 편식이 심하거나 많이 걷지 않은 아이들이 근육량이 적고 다리 힘도 약해 보행 자세가 불안정하거나 휜 다리가 많이 발생할 수 있습니다.

취학 전에 체중과 키가 비례하게, 그리고 자세가 균형 있게 발달할 수 있도록 해야 합니다. '세 살 버릇 여든까지 간다'라는 속담이 있죠. 요즘은 잘 안 쓰는 말이지만 키성장에 있어서는 과언이 아니라고 생각합니다.

아동기가 되어 초등학교 입학 전후 스트레스가 높아지고 학년이 올라갈수록 앉아 있는 시간이 많아지면서 성장 속도는 더욱 주춤하게 되고 또래 간 편차도 많이 발생합니다. '12월생이니까!', '아빠가 늦게 컸으니까!' 위안을 삼다가 초등학교 5학년 즈음 되면 '이제 곧 중학생이 되는데 키가 너무 작은 거 아닌가?' 생각이 들게 되죠. 성인의 키는 성장기마다 자란 키를 매년 더한 값이므로 해마다 균형 있게 크는 것이 중요합니다.

또 유아동기는 성조숙증의 위험이 있는 시기이므로 특히 여자아이는 만 9세 생일 이전(만 8세 364일까지)에 가슴에 몽우리, 남자아이는 만 10세 생일 이전(만 9세 364일까지)에 고환이 커지는지 관찰하는 것이 필요해요. 쉽게 말해 성숙의 징후가 정상 범위보다 빠르게 나타나면 키성장이 빠른 대신 빨리 멈출

위험이 있어 예의 주시해야 합니다.

사춘기가 되면 '2차 급성장기'를 맞이하게 되는데 남자아이는 고환 크기 증가, 음모, 변성, 액모(겨드랑이 털)와 같은 2차 성징이 나타나고, 여자아이는 가슴 몽우리 발달, 분비물의 증가, 체모, 초경과 같은 2차 성징이 발현됩니다. 성호르몬의 증가로 신체 변화가 빠르게 나타나는 이러한 시기를 키성장 속도가 급격하게 빨라진다고 해서 '급속 성장기'라고 부릅니다.

1년에 남자아이는 약 8~10cm, 여자아이는 약 7~9cm 성장하는 것이 보통입니다. 또래와 격차가 벌어지니 성장에 대한 불안감이 커지는 시기이기도 하고, 반면 늦게 크는 유형인가 싶어 마냥 기다리기도 하는 시기입니다. 중학생이 되어도 2차 성징의 발현이 아예 안 나타나거나 발현이 나타나고 있는데 급성장을 못한다면 급성장 없이 성장판이 닫히기 시작하는 '감속 성장기' 진입도 가능하므로 몸의 변화와 키성장을 함께 관찰하는 것이 중요합니다.

성인이 되어 키가 큰 사람과 작은 사람의 이야기를 들어보면 '나는 확 큰 적이 있다? 없다?'라는 사실입니다. 만일 유아동기에 작아도 청소년기에 폭풍 성장을 하면 많이 따라잡을 수 있는데 그마저 없다면? 사춘기에 성호르몬의 상승으로 인해 급성장하는 것은 자연스러운 일인데 그것이 잘 일어나지 않고 있다면 하루빨리 성장 환경의 개선이 필요합니다.

급성장기가 지나가면서 '감속 성장기'에 접어드는데 이 시기에 성장판이 조금씩 닫히기 시작합니다. 일반적으로 여자아이는 초경 이후 또는 만 12세 이후, 남자아이는 음모, 변성, 액모 세 가지 모두 발현 또는 만 14세 이후입니다. 급속 성장 후 감속 성장을 하다 보니 현저하게 성장 속도가 줄어드는 것을 체감하게 되는 시기이기도 합니다. 이때 키성장은 1년에 약 4~5cm 미만으로 줄고 그다음 해에는 약 2~3cm 속도로 서서히 줄어들게 됩니다.

감속 성장기가 약 2년 정도 지속된 후 성장판이 거의 닫히는 시기에 접어들게 됩니다. 이 시기를 '무성장판기'라고 하는데 1년에 약 1~2cm 전후로 크는 시기가 옵니다. 이때 병원에 가면 '성장판이 닫혔다거나 거의 닫혔다, 1년 남았다거나 6개월 남았다' 등의 말을 듣게 됩니다. 그러나 성장판이 문 닫히듯 저절로 갑자기 닫히는 것은 아니므로 이 시기에도 노력하면 1년에 1~2cm씩 2~3년 정도 지속 성장할 수 있습니다.

성장판이 거의 닫혀 있다 하더라도 성인처럼 완전히 닫혀 단 0.1cm도 크지 않는 상태가 되기까지는 오래 걸립니다. 아직 성장기인 중고등학생이라면 앞으로 1년에 약 1.5cm씩 2~3년만 더 커도 3~4.5cm가 크는 것이니 포기하기에는 이른 시기라 할 수 있습니다.

누구나
잘 클 수 있는 키성장력을
가지고 있다

성장기 아이라면 누구나 키성장력을 갖고 있고 부족하면 기를 수 있습니다. 누구나 잘 클 수 있는 힘을 갖고 있는데 애꿎은 유전자만 탓하면서 키가 클 수 있는 시기와 기회를 놓칠 것인가요? '아빠가 작으니 너도 키가 작고, 그럴 수밖에 없어'라는 농담 섞인 말로 아이에게 더이상 스트레스를 주지 않았으면 좋겠습니다.

보통 부모는 내 아이니까 내가 제일 잘 안다고 생각합니다. 그런데 공부는 학원에서도, 학교에서도 레벨 테스트나 시험 성적으로 중간중간 점검할 수 있고, 그걸 기준으로 성장 가능성을 파악해 포기하거나 부족한 부분에 더욱 집중할 수 있습니다. 하지만 키성장은 공부와 다릅니다. 주기적으로 정확하게 중간 점검이 되지 않기에 부모의 눈으로, 감으로 느끼거나 혹은 형제, 또래 아이와 비교하다 키성장의 골든 타임을 놓치게 됩니다.

아이의 키를 키우려면 부모가 가진 유전자는 신경 쓰지 말고 누구나 키성장력을 가지고 있다는 것을 알아야 합니다. 그리고 아이의 현재 상태를 제대로 파악하고, 그 결과에 맞춰 노력을 기울이는 것이 핵심이 되어야 합니다.

키는 크는 시기가
따로 있습니다.
키성장의 골든타임을
놓치지 마세요.

2장

키는 유전 아닌가요?

예상키가
도대체 무엇인가요?

엄마 & 아빠 키로 보는 우리 딸 예상키

엄마\아빠	162	165	167	170	172	175	177	180	182	185
150	149.5	151	152	153.5	154.5	156	157	158.5	159.5	161
152	150.5	152	153	154.5	155.5	157	158	159.5	160.5	162
155	152	153.5	154.5	156	157	158.5	159.5	161	162	163.5
157	153	154.5	155.5	157	158	159.5	160.5	162	163	164.5
160	154.5	156	157	158.5	159.5	161	162	163.5	164.5	166
162	155.5	157	158	159.5	160.5	162	163	164.5	165.5	167
165	157	158.5	159.5	161	162	163.5	164.5	166	167	168.5
167	158	159.5	160.5	162	163	164.5	165.5	167	168	169.5
170	159.5	161	162	163.5	164.5	166	167	168.5	169.5	171
172	160.5	162	163	164.5	165.5	167	168	169.5	170.5	172

엄마 & 아빠 키로 보는 우리 아들 예상키

엄마\아빠	162	165	167	170	172	175	177	180	182	185
150	162.5	164	165	166.5	167.5	168	170	171.5	172.5	174
152	163.5	165	166	167.5	168.5	170	171	172.5	173.5	175
155	165	166.5	167.5	169	170	171.5	172.5	174	175	176.5
157	166	167.5	168.5	170	171	172.5	173.5	175	176	177.5
160	167.5	169	170	171.5	172.5	174	175	176.5	177.5	179
162	168.5	170	171	172.5	173.5	175	176	177.5	178.5	180
165	170	171.5	172.5	174	175	176.5	177.5	179	180	181.5
167	171	172.5	173.5	175	176	177.5	178.5	180	181	182.5
170	172.5	174	175	176.5	177.5	179	180	181.5	182.5	184
172	173.5	175	176	177.5	178.5	180	181	182.5	183.5	185

상담하다 보면 특히 부모의 키는 큰데 아이의 키가 작은 케이스를 많이 접하게 됩니다.

"다들 초등학교 2학년쯤 되면 성장 클리닉에 가서 성장판 검사와 성장 호르몬 검사를 받아보는 게 좋다고 해서 딸아이랑 같이 다녀왔어요. 그런데 부모 키에 비해 예상키가 너무 작게 나와 충격을 받았어요. 어린이 비만이 성조숙증을 유발한다는 이야기는 어렴풋이 들어 알고 있었지만 평균 키보다 큰 편이라 걱정하지 않았는데 뼈나이가 빨라 성조숙증과 이른 초경의 가능성도 높고 예상키가 엄마보다 작을 줄은 꿈에도 몰랐어요."

"아들이 키도 작지만 구부정한 자세가 신경 쓰여 성장 클리닉에 다녀왔어요. 현재 키가 작기 때문에 예상키가 170cm가 안 될 수도 있다는 이야기를 듣고 충격을 받았습니다. 엄마 아빠 둘 다 170cm가 넘는데 말이죠. 그럼에도 성장 호르몬 주사는 아이도 원치 않고, 부작용이 걱정되어 약물이 아닌 다른 방법을 찾고 있는 중이에요. 아이가 워낙 학습량이 많다 보니 거북목이 심하고 가끔 두통도 있어 운동이 필요하다는 것을 알지만 시간이 여의치가 않네요."

이처럼 많은 부모들이 예상키에 충격을 받고, 아이 또한 상처를 받아 공부에도 타격을 입는 경우가 많습니다. 예상키는 어디까지나 예상키이므로 앞으로 어떠한 노력을 기울이느냐가 관건입니다. 우선 흔히 말하는 예상키라는 것이 무엇인지 이해하는 시간이 필요합니다.

많은 부모들이 부정하고 싶어도 '키는 유전이 아닐까?' 하는 생각을 떨칠 수 없습니다. 그래서 내 아이의 유전적 예상키는 얼마나 될까? 우리 아이들이 성인이 되었을 때 예상키는 얼마나 될까? 궁금할 때 재미로 보는 표가 있습니다.

엄마 아빠 키로 미리 계산해둔 왼쪽 표를 한번 살펴보세요. 나를 예로 들어 우리 부모님의 키를 대입하면 정확한 나의 키가 나올까요? 우리 오빠 키는요? 내 여동생은요? 다들 유전, 유전 하지만 막상 현실은 잘 맞지 않는다는 것을 알 수 있습니다. 저의 경우 아버지가 165cm, 어머니가 162cm이신데 이 표를 보면 저의 키가 157cm이고 저의 오빠는 170cm이어야 합니다. 하지만 지금 제 키는 163.5cm이고 제 오빠의 키는 178cm입니다. 그럼에도 예상키가 그렇게 중요할까요?

부모님 두 분의 키가 작은 경우 아이가 작으면 무조건 유전이라고 굳게 믿고, 아이가 작지 않으면 '잘 먹어서, 한참 클 때 운동을 많이 해서, 낙천적이고 잠을 잘 자서…'라고 합니다. 반대로 부모님 두 분 다 키가 큰 경우 아이가 크면 유전이라 하고, 작으면 '안 먹어서, 움직이는 것을 너무 싫어해서, 잠을 잘 안 자서…'라고 합니다.

특히 부모님 모두 키가 큰데 아이가 작은 경우 '그래도 아빠 닮겠지, 그래도 엄마 닮을 거야…' 하며 유전만 믿고 고학년이 될 때까지 무작정 기다립니다.

유전키가 작거나 뼈나이가 빠르거나 현재키가 작으면 예상키가 작게 나오지만 책 표지에도 '우리 아이 예상키보다 10cm 더 키우는 법'이라는 문구가 있듯이 예상키는 예상키일 뿐, 일찍부터 노력하면 10cm 더 클 수 있습니다.

IQ 낮아도
공부 잘 할 수 있고,
유전키 작아도
키 잘 클 수 있다

아이들을 보면 IQ가 좋다고 공부를 다 잘하는 것은 아닙니다. 키도 마찬가지예요. 유전 키가 크다고 모두 다 잘 크는 것은 아닙니다. IQ만 믿고 제대로 공부하지 않고 열심히 노력하지 않으면 공부를 잘할 수 없듯, 키도 올바른 방향으로 열심히 노력하지 않으면 타고난 것만큼 못 클 수 있습니다.

많은 부모들이 힘들어하는 경우가 아빠보다 작은 아들, 엄마보다 작은 딸입니다. '어떻게 아들이 아빠 키보다 작을 수 있냐? 내가 고기와 우유를 그렇게 먹였는데…' 또는 '어떻게 우리 딸이 엄마 키보다 작을 수 있어? 요즘 세상에…' 라는 이야기를 참 많이 듣는데 안타깝게도 이것이 현실입니다.

키가 작다, 크다는 무엇을 기준으로 이야기하는 것일까요? 너무 주관적인 것은 아닌가요? 남자 키 175cm를 누군가는 크다고 느끼고, 누군가에게는 작다고 느껴질 수 있습니다.

국가에서 10년에 한 번씩 대한소아과학회와 질병관리본부를 통해 발표하는 평균 키 자료가 있습니다. 아래 표에서 신장이 50%보다 아래에 해당하면 작다, 위에 해당하면 크다고 정의하는 것이 기본이라 생각하고 이야기하겠습니다.

여자아이 키 100순위

연령	신장(cm) / 체중(kg) / 백분위수													
	3%		10%		25%		50%		75%		90%		97%	
	신장	체중	신장	체중	신장	체중	신장	체중	신장	체중	신장	체중	신장	체중
3	91.3	12.5	93.6	13.3	96.0	14.2	98.6	15.2	101.4	16.4	103.9	17.5	106.4	18.6
4	97.6	14.1	99.9	15.0	102.4	16.0	105.1	17.3	108.0	18.8	110.6	20.3	113.3	22.0
5	103.7	15.7	106.2	16.7	108.7	17.9	111.6	19.5	114.5	21.3	117.3	23.2	120.0	25.5
6	109.4	17.3	112.0	18.6	114.8	20.0	117.8	22.0	121.0	24.3	123.8	26.8	126.7	29.9
7 (초1)	114.8	19.7	117.6	20.7	120.5	22.5	123.8	24.9	127.2	27.8	130.4	31.0	133.6	34.9
8 (초2)	120.1	21.1	123.0	23.1	126.1	25.3	129.6	28.3	133.3	31.9	136.9	35.8	140.5	40.5
9 (초3)	125.5	23.5	128.6	25.9	132.0	28.6	135.8	32.2	139.9	36.5	143.7	41.2	147.6	46.6
10 (초4)	130.9	26.1	134.6	29.0	138.3	32.4	142.5	36.7	146.7	41.7	150.6	47.0	154.5	53.1
11 (초5)	136.7	29.3	140.6	32.7	144.6	36.6	148.9	41.5	153.1	47.0	156.7	52.7	160.3	59.1
12 (초6)	142.3	33.0	146.2	36.6	150.0	40.7	154.0	45.8	157.9	51.6	161.3	57.4	164.5	63.9
13 (중1)	146.5	36.6	150.1	40.2	153.6	44.2	157.3	49.2	161.0	54.9	164.2	60.6	167.2	66.9
14 (중2)	148.7	39.2	152.1	42.9	155.4	46.8	159.0	51.6	162.6	57.1	165.7	62.6	168.7	68.7
15 (중3)	149.9	41.3	153.1	44.7	156.3	48.5	159.9	53.2	163.3	58.5	166.5	63.8	169.6	69.5
16 (고1)	150.7	42.4	153.7	45.7	156.7	49.4	160.1	54.0	163.6	59.1	166.8	64.2	170.0	69.9

남자아이 키 100순위

연령	신장(cm) / 체중(kg) / 백분위수													
	3%		10%		25%		50%		75%		90%		97%	
	신장	체중	신장	체중	신장	체중	신장	체중	신장	체중	신장	체중	신장	체중
3	92.7	13.0	94.9	13.8	97.1	14.7	99.8	15.8	102.6	16.9	105.1	18.1	107.8	19.3
4	98.6	14.6	101.0	15.5	103.5	16.6	105.3	17.9	109.2	19.4	111.9	20.9	114.6	22.6
5	104.5	16.2	107.1	17.3	109.8	18.5	112.8	20.1	115.8	21.9	118.7	23.9	121.5	26.2
6	110.3	18.0	113.0	19.3	115.8	20.8	119.0	22.7	122.3	25.1	125.4	27.6	128.4	30.7
7 (초1)	115.8	19.9	118.7	21.5	121.6	23.4	125.0	25.8	128.5	28.8	131.7	32.0	134.9	35.9
8 (초2)	121.0	21.9	124.0	24.0	127.2	26.3	130.7	29.4	134.3	33.0	137.6	37.0	140.9	41.6
9 (초3)	126.0	24.1	129.1	26.6	132.4	29.6	136.0	33.4	142.0	37.8	143.4	42.5	147.0	47.9
10 (초4)	130.8	26.4	134.2	29.6	137.7	33.2	141.7	37.8	145.8	43.1	149.7	48.5	152.0	54.6
11 (초5)	135.7	29.2	139.5	33.0	143.3	37.3	147.9	42.8	152.5	48.9	156.7	55.0	160.8	61.7
12 (초6)	141.1	32.7	145.6	37.1	150.1	42.1	155.0	48.2	159.9	55.0	164.2	61.7	168.5	69.0
13 (중1)	147.4	36.9	152.	41.7	157.0	47.0	162.0	53.3	166.7	60.6	170.8	67.6	174.7	75.0
14 (중2)	153.8	41.5	158.4	46.4	162.8	51.8	167.4	58.2	171.6	65.2	175.2	72.0	178.6	79.1
15 (중3)	158.6	45.7	162.6	50.4	166.4	55.6	170.5	61.7	174.3	68.4	177.7	74.8	180.9	81.6
16 (고1)	161.5	49.0	164.9	53.4	168.3	58.3	172.1	64.2	175.8	70.6	179.2	76.8	182.4	83.5

이 표는 왼쪽의 학년 또는 나이(만 N.5세)에서 지금 키가 얼마인가 보고 100명을 키 순서대로 세웠을 때 몇 번째에 해당하는가를 보는 것입니다. 예를 들어 딸아이가 만 10.5세인데 현재 138cm라면 하위 25%에 해당되어 성인으로 성장했을 때 약 157cm가 될 가능성이 있다는 뜻입니다.

저학년은 저학년대로 고학년은 고학년대로 바쁘고 시간적 여유가 없기는 마찬가지입니다. 그러나 적극적으로 노력해보지 않고 성장 호르몬 주사만 맞으며 저절로 키가 크기를 기대하는 것은 리스크가 너무 큽니다. 공부와 달리 키는 지금 이 시기가 지나가면 되돌릴 수 없기 때문입니다. 유전적 예상키가 작든, 현재 키가 작아 예상키가 작든, 비만으로 인해 성숙이 빨라 예상키가 작든 지금이라도 키성장력을 키워야 합니다.

키성장력을 지금보다 더 키울 수 있는 방법은 키성장에 도움이 되는 음식, 식습관, 운동, 수면, 자세 등을 복합적으로 관리하는 것이에요. 이미 경험해봤으니 알 것입니다. 우유 먹으면 큰다는데 살만 쪘다, 줄넘기 열심히 하면 큰다는데 키가 꿈쩍도 안 한다, 밤 9시부터 재웠는데 그다지 효과가 없다… 키성장에 영향을 미치는 여러 요인 중 한두 가지만으로는 효과를 볼 수 없습니다.

현재 예상키가 작다고 실망하지 마세요. 다만 성장기에 뼈가 사라는 데에만 신경 쓰지 말고 근육이 함께 자라야 키가 클 수 있다는 것을 명심하세요! 뼈에 단백질과 칼슘만 채운다고 키는 저절로 커지지 않습니다. 체력을 길러 엔진 역할을 하는 심폐 기능이 제 역할을 해야 하고, 바퀴와 본체 역할을 하는 근육의 성장 발달을 돕는 근력 운동과 성장판 자극 운동을 동시에 해주어야 합니다.

많은 부모들은 아이가 이미 충분한 운동을 하고 있다고 생각하나 그 양과 강도가 너무 적고 약해 효과를 못 보는 경우가 대부분입니다. 키성장력을 더 키우고 싶다면 우선, 주 3회 이상 충분한 운동과 자세 교정을 동시에 실천해보세요.

우리 아이 지금
잘 크고 있나요?

아이가 지금 잘 크고 있는 건지, 이대로 가면 얼마나 클지 파악해봐야 하는 점검의 시기가 네 번 있습니다.

첫 번째 시기는 초등학교 입학 전 6개월 시점입니다. 초등학교 입학할 때 평균적으로 키는 약120cm, 체중은 약 20kg 정도 되는데 입학 전 6개월 시점에 키가 110cm를 넘지 않거나 체중이 18kg이 안 된다면 입학 시 또래 아이보다 작을 가능성이 높으므로 성장 방해 요인을 체크해보는 것이 좋습니다.

아직 매우 어리므로 키가 클 수 있는 시간도 많이 남아 있고 성장판도 100% 열려 있는 시기라 너무 걱정할 필요는 없지만 혹시라도 성장 호르몬의 분비 자체에 이상은 없는지 한 번쯤 체크하는 것이 필요한 시기입니다.

이 시기는 1월생과 12월생의 차이가 꽤 나기도 합니다. 병원에서 예측하는 예상키가 매우 작게 나올 수 있으나 계속 작은 것은 아니니 만회할 수 있는 시간은 많습니다. 하지만 유치원 때도 잘 안 크던 키가 초등학교 입학 후에 쑥 클 거라는 기대는 하지 마세요. 환경 변화, 학습 스트레스, 교우 관계 적응 등으로 인해 키가 잘 크기는 쉽지 않기 때문입니다. 그래서 입학 전 어떻게 해야 조금이라도 더 잘 클 수 있는지 알아두는 것이 중요합니다.

두 번째 시기는 여자아이는 만 8세 11개월, 남자아이는 만 9세 11개월 시기입니다. 이 시기는 둘 다 성조숙증을 판단하기 직전입니다. 이때 성호르몬이 조기 상승해 예상키가 평균보다 크게 나올 수 있으나 성숙이 빠른 것을 고려한다면 오히려 최종 키에서는 작은 키가 될 수 있다는 것을 의미하기도 합니다. 그래서 과체중, 급성장, 조기 사춘기 등이 의심된다면 이 시기에 성조숙증에 대한 확인이 꼭 필요합니다.

세 번째 시기는 만 10세에 키가 약 140cm가 안 되거나 체중이 약 30kg보다 너무 적거나 많이 나가는 경우 급성장 자체가 미미할 수 있어 예상키가 작아질 수 있습니다. 보통 만 10세에 약 140cm는 되어야 여자아이 160cm, 남자아이 173cm를 넘을 수 있다고 이야기합니다. 만 10세 생일 달에 키와 체중을 측정하고 현재 아이의 키가 어디쯤 속해 있는지 파악해보는 것이 필요합니다.

네 번째 시기는 중학교 입학 전 6개월 시점에 키가 150cm를 넘지 않는다면 입학 시 또래보다 작을 수 있습니다. 여자아이는 초경 전후, 남자아이는 급성장의 시기인 이때, 현재 예상키보다 더 크려면 무엇을 해야 하는지 파악하는 것이 매우 중요합니다.

성장 클리닉에 가면
무얼 물어봐야 하나요?

앞 장의 네 가지 경우에 부모들은 아이 예상키가 궁금해 성장 클리닉에 예약하고 또 한참을 기다려 방문하는데 보통은 별다른 준비 없이 전문가의 의견을 들어보자 하고 가는 경우도 많습니다. '다들 한 번쯤 가니까 나도 가봐야지~' 하고 갔는데 생각지도 않게 '뼈나이가 1년 반에서 약 2년 빠르다', '성숙 억제 주사를 약 2년 정도 맞아야 한다', '일단 6개월 후에 다시 추적 검사를 해보자, 그동안 운동하고 체중 관리하고 다시 와라' 등 여러 가지 이야기를 듣게 됩니다.

아이들보다 부모들이 더 충격을 받고 그동안 빨리 알아채지 못하고 더 신경 써주지 못한 것에 대해 자책하기도 합니다. 잘못 판독한 것은 아닌지 두어 군데 병원을 더 가보겠다고 하는 경우도 많습니다. 믿기지 않아 여러 차례 확인하는 것은 좋으나 아이들의 피로도가 상당합니다. 그러니 한 번 갔을 때 확실하게 알아보는 것이 중요합니다. 그럼 예상키와 성장 방해 요인을 알아보는 시기는 알았으니 성장 클리닉에 가기 전에 어떤 것들을 준비하고 어떤 것들을 물어보면 좋을지 알려드리겠습니다.

성장 클리닉 활용법

1. **최근 1년 동안 자란 키와 늘어난 체중을 파악하고 가라**
   태어나서 지금까지 자란 데이터가 있다면 상담 시 도움이 되는데 대부분 기억을 못합니다. 그렇다면 가장 중요한 것은 최근 1년입니다. 계속 잘 안 자란 것인지, 최근 성장 속도가 갑자기 줄어든 것인지, 갑자기 급성장 중인지를 평소에 관찰하고 기록해두는 것이 좋고, 없다면 최근 3개월만이라도 키가 얼마나 자랐는지, 체중은 얼마나 늘었는지, 또 유난히 달라진 점은 없는지 파악하고 가는 것이 좋습니다. 병원 검사 결과 아무런 이상이 없는 경우가 많으므로 원인을 병적인 것에서 찾을 수 없다면 환경적인 것에서 찾아야 하므로 관찰, 관심, 기록이 큰 도움이 됩니다.

2. **여자아이는 만 8세 11개월 이전, 남자아이는 만 9세 11개월 이전에 2차 성징이 나타나기 시작하면 가까운 병원에 가서 빨리 검사를 받아라**
   성장 검사는 일반적으로 손과 손목 X-ray를 찍는 성장판 검사, 혈액 검사를 통한 성장 호르몬과 성호르몬 분비 검사를 하게 되는데, 오래 기다려야 하는 대형 병원에 가지 않아도 가까운 성장 클리닉에서 검사가 가능합니다. 어린 나이에 2차 성징을 발견했다면 너무 오래 기다리지 말고 가능한 한 빨리 검사를 받아야 시기 적절하게 올바른 방향을 잡을 수 있습니다.

3. **초진 결과 상담 때에는 뼈나이와 혈액 검사 수치가 정상 범위 안에 있는지, 재진 때에는 어떠한 변화와 차이가 있는지 묻고 기록하라**
   성장판 검사를 통해 뼈나이가 좀 빠르다는 이야기를 듣고 오는 경우가 대부분입니다. 그런데 그 '좀'이 1년인지 2년인지 잘 모르는 경우가 많고, 만일 주사 투여 시 6개월 후에는 뼈나이와 제 나이의 차이가 얼마나 줄었는가 늘었는가 등 스스로 내린 결정으로 인해 얻은 것과 잃은 것은 무엇인지를 확실히 파악하며 진행하는 것이 좋습니다.

4. **성장 호르몬을 투여하게 된다면 어떻게 해야 그 효과를 극대화할 수 있는지 물어라**
   성장 호르몬의 분비가 정상임에도 불구하고 최종 예상키가 너무 작아서 어쩔 수 없이 주사 투여를 결정하는 경우가 매우 많습니다. 이미 선택했다면 최대한의 효과를 이끌어내기 위해 주어진 시간 동안 최선을 다해야 합니다. 분명히 충분한 운동, 체중 관리, 혈당 관리, 수면 관리 등을 강조했음에도 '성장 호르몬 주사를 맞으면 크겠지' 또 '억제제 맞으면 초경은 안 하겠지'라며 안일하게 생각하는 경우가 많고 결국에는 효과를 못 봤다는 분들이 속출하는 것입니다. 선택했다면 집중이 필요합니다.

❺ 성장 클리닉 검사 이후 약물 없이 자연 성장을 선택했다면 스스로 더 많은 노력을 기울여라

많은 부모들이 병원에서 6개월마다 추적 검사를 하라고 하니 그 사이에 철저한 노력과 처치 없이 주기적으로 검사만 받으러 가곤 합니다. 그렇게 3년을 다녔지만 그 사이에 뼈나이가 줄어든 것도, 키가 더 잘 자란 것도 아닌 채 시간만 흘러가는 경우가 대부분입니다. 검사만 받지 말고 정확한 행동이 필요합니다. 병원에서 제시한 예상키보다 더 크기 위해 적극적인 노력을 기울이고 6개월마다 재검사를 받길 바랍니다.

3장

키 작은 아이들의 6가지 원인

언제까지
유전 탓만
하실 건가요?

부모로부터 물려받은 유전자의 힘은 강합니다. 상담을 하다 보면 정말 유전자의 힘을 강하게 느낄 수 있는 가족을 만나곤 합니다. 누가 봐도 그 아버지에 그 아들, 그 엄마에 그 딸 모습을 하고 있죠. 유전자는 가족끼리 닮은 체형을 가지게 해주지만 키는 아닙니다. 환경에 의해 식성이나 활동성이 달라지는 것처럼요.

부모는 편식하지 않는데 아들은 밥, 고기, 햄, 달걀, 김 이외에는 아무것도 먹지 않는 경우도 있습니다. 부모는 모두 운동을 좋아하는데 딸아이는 앉아서 책만 보는 경우도 있습니다. 외모는 부모를 똑같이 닮았지만 부모와는 다른 환경에서 자라는 아이들이 부모의 키처럼 커질까요? 어쩌면 부모보다 더 커지거나 작아질 수도 있겠지요. 이렇듯 체형은 유전과 연관된 경우가 많지만 키는 유전보다는 다양한 환경에 영향을 많이 받습니다.

우리나라는 10년마다 보건복지부 주관으로 대한소아과학회에서 신체 계측 조사를 실시해오고 있습니다. 가장 최근 자료인 2017년과 2007년의 소아 청소년 신체 발육 표준치의 성장 도표를 살펴보면, 10년 전과 후의 평균 키 차이가 약 1cm 미만으로 나타납니다. 다들 요즘 아이들 키가 너무 크다고 이야기하곤 하는데 믿기지 않죠? 왜 그럴까요?

연령별 평균 키를 살펴보면 초등학생의 키가 10년 전에 비해 매우 성장한 것을 볼 수 있습니다. 만 13세 남자아이 평균 키가 2007년 151.8cm에서 2017년 158.6cm로 10년 만에 6.8cm가 늘어난 반면 만 18세 청소년 남자의 평균 키는 2007년 173.3cm에서 2017년 173.6cm로 10년 만에 0.3cm가 커졌어요.

이는 사춘기가 앞당겨져 초등학생 때는 매우 큰데 중고등학교 때 키가 거의 안 자랐다는 뜻입니다. 쉽게 말해 빨리 크고 빨리 멈춰 언뜻 보면 요즘 아이들이 매우 커 보이지만 성인 키는 예나 지금이나 거의 비슷하다는 것입니다.

부모 세대에는 '초등학교 때 진짜 작았는데 고등학교 때 훌쩍 컸다'고 말하는 경우가 많았는데 요즘에는 그런 경우를 보기 힘듭니다. 초등학교 6학년이 밤

12시 넘어서 자고 거의 고3 수준으로 공부합니다. 가끔 아빠들이 상담하러 와서 본인이 늦게 컸다고 하시면 제가 꼭 묻습니다. '아버님 초등학교 6학년 때 고3처럼 공부하셨어요?' 열 분이면 열 분 다 '아니요' 하시며 고개를 절레절레 흔드십니다.

이런 환경에서 아이들의 키가 제대로 자랄 수 있을까요?

키는 빨리 큰다고 좋아할 것도 아니고 반대로 유전만 믿고 크겠지 하고 너무 기다려서도 안 됩니다. 일란성 쌍둥이도 둘 중 누가 더 움직임이 활발하느냐, 누가 더 음식을 골고루 잘 먹느냐, 누가 더 깊이 잘 자느냐에 따라 자라면서 키 차이가 점점 나기 시작합니다. 만일 아들 셋이 있다고 가정할 경우, 첫째는 너무 쉽게 키웠는데 둘째, 셋째가 성향도 다르고 운동을 좋아하는 정도도 다르고 식습관도 너무 달라 고민인 경우가 많습니다.

키성장은 유전 탓을 하기보단 환경적인 변수가 매우 다양하게 작용하므로 더 클 수도, 덜 클 수도 있습니다. 그러한 환경적인 변수에는 어떤 것들이 있을까요? 대표적으로 운동과 영양, 수면, 스트레스, 자세, 질환 등이 있습니다.

운동을
시키는데
왜 키가 안 클까요?

키 크는 데 좋은 음식과 영양제를 열심히 챙겨 먹이는데 생각보다 키가 안 커 속상해하는 부모들이 많습니다. 주변에서 성장 호르몬 주사를 맞기도 하고 성숙 억제제를 먹는 친구들도 있어 솔깃하기도 하고 흔들리기도 합니다. 병원 검사 결과 꼭 치료를 해야 하는 경우가 아니라면 키가 아무리 중요해도 건강만큼은 아니니 신중히 고려해야 합니다.

우리 아이들이 건강하게 약물 없이 성장할 수 있는 최고의 방법은 무엇일까요? 바로 운동입니다. 기나긴 코로나19 상황에 밥은 잘 먹었지만 학교를 못 가고, 나가서 운동을 하지 못해 키가 안 커 센터를 찾아오는 분들이 많아졌습니다. 먹고 가만히 앉아 있어도 기본적으로 어느 정도는 클 수 있지만 잘 크지 못하거나 성장이 빨리 멈추는 경우도 발생할 수 있습니다.

자연적으로 성장 호르몬의 분비를 높이고 성장판을 자극해 키성장을 돕는 유일한 방법은 역시 운동입니다. 키성장에 관심이 많은 부모들이 몸을 움직이는 운동보다 다들 쉽고 빠른 주사나 약에 더 눈길을 준다는 사실에 안타까울 때가 많습니다.

성장기의 충분한 운동은 성장 호르몬의 분비를 증가시키고 골격 형성을 촉진하는 칼슘의 침착, 골밀도의 증가 그리고 연골의 성장을 도와줍니다. 운동은 또한 인슐린 저항성을 감소시켜 성장기 비만과 성조숙증 예방에 도움이 되고, 스트레스 호르몬인 코르티솔을 낮춰 세포 내 에너지를 만들어내는 효율성을 높여줍니다.

건강과 성장 두 마리 토끼를 다 잡는 데 필수인 운동을 빼고 키성장을 논하는 것은 사칙 연산을 배우지 않고 수학 문제를 푸는 것과 같습니다. 기본적으로 사칙 연산이 안 되는데 어떤 수학 문제를 풀 수 있을까요? 이렇듯 운동을 안 하면 아무리 영양적으로 좋은 섭취를 한다고 해도, 아무리 밤 9시부터 숙면을 취한다 해도 키는 잘 클 수 없습니다.

주위에 '옆집 아들은 잘 먹으니 운동을 안 해도 키만 잘 크던데…'라는 분들 있죠? 또 어떤 분들은 '옆집 아이가 농구해서 키 컸다는데 우리 아이는 축구를 해서 안 크나?'라며 운동 종목을 바꿔볼까 고민도 합니다. 사실 그 아이들에 대해 잘 모르면서 겉으로 판단하고 결론짓게 되죠. 이렇듯 단편적으로 '누구는 잘 먹어서', '누구는 농구를 해서' 키가 컸다 등 키성장을 한 가지 요인만으로는 설명할 수 없습니다.

부모들은 우리 아이들이 건강한 몸과 마음을 갖고 성장하길 바랍니다. 하지만 공부할 시간이 없다는 이유로 운동은 늘 뒷전이 됩니다. 그것이 과연 내 아이의 키성장에 도움이 될까요? 어릴 때부터 내 아이에게 맞는 운동을 찾아서 꾸준히 실천하는 습관을 들여주는 건 어떨까요? 그리고 체력과 피로 해소 능력을 길러 원활하게 성장할 수 있도록 밑바탕을 만들어주는 것은 어떨까요?

주변에서 성장 호르몬 주사를 맞고도 키가 잘 안 커서 고민인 분들을 많이 보게 됩니다. 대부분 주사를 맞으면 훨씬 잘 클 것이라고 생각하지만 이 경우, 운동을 거의 하지 않으면 투여 효과를 잘 보지 못하는 사례가 많습니다. 요즘은 의사들도 부모에게 '주사만 맞으면 소용없다. 반드시 운동을 병행해야 효과를 볼 수 있다'고 설명합니다.

이론상으로 성장 호르몬이 부족한 경우에 호르몬 주사를 맞으면 키가 잘 클 것 같지만 반드시 운동을 통해 성장 호르몬의 쓰임을 좋게 만들어야 주사의 효과가 극대화된다는 것을 명심해야 합니다. 성장기 아이들에게 좋은 운동법은 6장에서 자세히 알려드리겠습니다.

❶ 운동을 열심히 하고 있는데 **살만 찌고 있다면?**

운동을 하는 동안 섭취와 소모의 균형이 맞는지 확인해야 합니다. 운동량이 많은데도 불구하고 체중이 계속 빠른 속도로 증가하고 있지는 않나요? 남녀 불문하고 3개월에 1kg 이상의 체중 증가는 1년에 8~10cm가 크는 사춘기 급성장기를 제외하고는 과합니다.

운동하고 있으니 살은 좀 쪄도 괜찮겠지 하는 생각은 안 됩니다. 운동으로 100kcal를 소모하고 200kcal를 먹을 수 있습니다. 반대로 운동을 하고 키가 크는데도 체중이 전혀 늘어나지 않거나 오히려 감소하고 있지는 않는지 지속적으로 관찰해보세요. 말라도 키가 클 수 있지만 성장기에 체중 증가가 더디면(1년에 1kg 늘지 않는 경우) 1년에 클 수 있는 최대치가 크기 어렵고 자라나는 뼈를 주변 근육이 잘 잡아주지 못해 척추측만이나 휜 다리 등 체형이 틀어지는 경우가 발생합니다.

일반적으로 1년에 약 6cm 크는 시기에 여자아이는 체중이 약 2kg, 남자아이는 약 3kg 정도 증가하고, 1년에 약 8cm 이상 크는 시기에는 여자아이는 약 4kg, 남자아이는 약 5kg 정도 증가하는 게 적정 수준이에요.

❷ 운동을 열심히 하고 있는데 **키가 잘 안 큰다면?**

운동량이 너무 적지는 않는지, 아이에게 잘 맞는 운동인지 살펴보세요. 앉아 있는 시간 대비 운동량이 적정한지, 일주일에 여러 번 운동하지만 강도가 너무 약하지는 않는지, 운동을 가서 제대로 열심히 하는지 등을 확인할 필요가 있습니다.

아이가 운동을 싫어하는 데에는 여러 가지 이유가 있습니다. 부모는 그 이유를 파악하고 그에 맞게 조치를 취하거나 방법을 바꾸려는 노력을 해야 해요. 운동을 통해 목적을 달성하고 효과를 얻으려는 것이지 그냥 운동하는 데 의의를 두기에는 우리 아이들 공부할 시간도 모자라는 게 현실이에요.

비용과 시간 그리고 노력을 들인다면 결과가 나와야 합니다. 공부는 체계적으로 시키면서 운동은 왜 대충 시키나요? 내 아이에게 맞는 운동을 찾고 그것을 충분한 강도로 지속적으로 반복했을 때 의미가 있습니다.

많이 먹는다고
더 키가 클까요?

부모, 특히 엄마들은 '무엇을 먹여야 우리 아이 키를 더 키울 수 있을까?'를 고민합니다. 상담 시에 아무리 데이터를 기반으로 식단을 구체적으로 알려드려도 결국 돌아오는 말은 '그래서 키 크려면 뭐 먹여야 해요?', '키 크는 데에 도움이 되는 음식이 있나요?', '키성장에 좋은 영양제 좀 추천해주세요!' 등의 질문입니다.

요즘 세상에 못 먹어서 안 크는 사람은 없어요. 어릴 때부터 입이 짧고 편식이 심해 1년에 겨우 1~2kg 정도 체중이 느는 아이도 키성장에 필요한 기본적인 영양은 충분히 섭취하는 경우가 대부분입니다.

저는 아이가 너무 안 먹어서 말랐다고 걱정하는 부모들에게 '말랐다고 키가 안 크는 것은 아니다. 다만 마르면 근육량이 적어 바른 자세를 유지하기 어렵고, 해마다 최대치만큼 자라지 못할 수 있다'고 설명하고 있습니다.

오히려 이와는 반대로 1년에 체중이 10kg씩 증가하는데 키는 4cm밖에 안 커서 찾아오는 경우가 더 많습니다. 영양은 과잉인데 왜 키가 잘 안 크는 것일까요? 필요한 영양보다 두 배로 섭취한다고 해서 키가 두 배로 클까요?

아니죠. 영유아기까지는 먹고 자는 것이 전부이므로 영양의 중요성이 많은 비중을 차지합니다. 그러다 보니 초등학교 입학 시 체중이 많이 나가는 아이들이 또래보다 머리 하나 더 큰 모습을 쉽게 볼 수 있습니다. 그러나 체중의 급증으로 인한 혈당과 체지방의 증가는 성장을 방해하고 성호르몬을 빠르게 분비시켜 키가 빨리 크고 빨리 멈추는 원인이 될 수 있습니다.

요즘 아이들은 세 끼 충분한 식사에도 불구하고 성장기라는 이유로 한 끼 칼로리에 버금가는 간식을 먹습니다. 여기에 혼자서 사 먹는 군것질까지 합치면 하루 네 끼, 다섯 끼를 기본으로 먹게 됩니다. 그리고 앉아 있는 시간이 워낙 많다 보니 소아 비만, 청소년 비만이 심각한 실정입니다.

그런데 정작 식사 내용과 양을 기록한 식사 일지를 받아보면 밥+고기, 밥+달걀+김, 밥+카레, 빵+우유, 라면, 파스타, 짜장면 등 탄수화물 비중이 너무 높고 비타민, 무기질, 섬유소의 비중이 매우 낮은 영양 불균형의 식단이 대부분이라 깜짝 놀랄 때가 많습니다.

몸에 좋다는 단백질도 비타민, 무기질이 없으면 흡수가 잘 안 된다는 사실을 아시나요? 많은 부모들이 우유와 고기를 그렇게 먹였는데 왜 잘 안 크는지 이유를 모르겠다 하는데 그럼 우리나라에 키 작은 아이는 하나도 없겠지요. 부부가 모두 판사인 분들이 있었는데 아이에게 꽃등심만 주었는데 도대체 왜 키가 안 크는지 모르겠다 해서 한참을 웃었던 기억이 납니다.

아침에 입맛이 없다고 시리얼을 먹거나 또는 굶고, 점심 급식은 채소를 안 좋아하는 아이들일수록 제대로 먹지 않고, 방과 후 간식은 빨리 먹을 수 있는 달고 부드러운 것 위주로 먹고, 저녁이 되어서야 밥, 고기 위주로 폭식하는 경우가 대부분입니다. 하지만 성장기 마른 아이 체중 늘리기나 비만 아이 체중 관리하기 등은 제때에 균형 잡힌 식단을 먹는 것부터 시작합니다.

규칙적으로 식사 시간에 맞춰 음식을 우리 몸에 넣어주어야 호르몬 분비도 원활하고 학교 생활도 활발하게 할 수 있습니다. 엄마 아빠에게 묻고 싶습니다. 어느 날 빈속에 출근해 점심도 거른 하루, 어떠셨나요? 하루 종일 일은 잘되었나요?

그리고 아이들 편식 때문에 고민이 많죠? 편식은 '아이가 잘 안 먹으니 잘 먹는 것이라도 많이 먹이자'라는 생각에서 우연히 시작됩니다. 하지만 성장하면서 아이의 고집은 더 세지고 편식은 더 심해져 고치기 어려운 지경에까지 이르게 됩니다.

간혹 '가지나 버섯이 물컹해서 싫어요' 하는 정도는 충분히 그럴 수 있다 하지만 '그냥 채소라면 다 싫어요' 하는 것은 성장기의 영양소 흡수를 방해해 원활한 성장에 큰 영향을 미칠 수 있습니다.

그래서 어릴 때부터 식판 사용을 권장하고 한식, 양식 상관없이 빨강, 노랑, 초록 식품을 골고루 주는 일명 신호등 식단을 제안하고 있습니다. 식판을 사용하면 딱 한 가지만 단품으로 먹는 것을 최대한 피할 수 있고 먹는 재미도 더할 수 있습니다. 영양에 관련해서는 7장에서 자세히 다루기 때문에 하나하나 꼼꼼히 읽어보기를 바랍니다.

수면의 양과 질,
어느 것이
더 중요할까요?

잘 먹고 운동도 열심히 하는데 아이의 키가 크지 않을 때에는 수면 환경을 의심해봅니다. 부모들은 아이가 '일찍 잘 자요'라고 하지만 잠 드는 시간이 오래 걸리거나 깊게 숙면을 취하지 못하는 경우가 많지요. 엄마는 아이가 오후 10시에 잔다고 하고 아이는 밤 1시에 잤다 하고… 제각각 다른 대답을 합니다.

'뼈는 잘 때만 길어진다'는 말이 있습니다. 밤에 숙면을 취할 때 성장 호르몬의 분비도 최고조에 이르고 세포의 재생도 이루어지기 때문에 수면은 키성장에 있어 매우 중요한 요소입니다. 저는 상담하러 오시는 부모들에게 '이것저것 다 안 되면 잠이라도 일찍 푹 재워라' 말하고 있습니다. 그런데 여러 가지 성장 환경 요건 중에서 가장 잘 지켜지지 않는 것이 바로 이 수면입니다. 부모가 억지로 해줄 수 없는 아이의 수면, 하지만 방법이 다 있습니다.

키 크는 데에 도움이 되는 수면 시간은 언제일까요? 그리고 키 크는 데에 좋은 수면의 양과 질이란 무엇을 말하는 것일까요? 많은 전문가들이 '일찍 자는 것은 키성장과 상관이 없다. 얼마나 푹 자는지가 관건이다' 이렇게 말하곤 합니다. 그러나 그것은 하나만 알고 둘은 몰라 하는 말이라고 생각합니다. 늦게 자면 성호르몬 억제를 방해받아 성조숙증의 위험이 높아집니다.

당장은 늦게 자도 숙면을 통해 성장 호르몬의 분비가 높아져 키성장에 도움이 된다고 생각하지만 늦은 취침이 생활화되면 성호르몬 억제가 안 되어 결국 빨리 크고 빨리 멈추게 되는 것입니다.

공부할 시간이 모자라니 어떻게든 늦게 자도 괜찮다는 명분을 만들고 싶어 하는 부모들이 많은데 저는 강력히 반대합니다. 오후 10시 취침, 오전 6시 기상과 밤 12시 취침, 오전 8시 기상 중에 고르라면 당연히 전자입니다. 공부도 하고 키도 크고 싶다면 일찍 일어나 빨리 잠들고, 잠들어 있는 밤에는 키가 크고 깨어 있는 아침에는 공부를 하는 것이 가장 좋은 방법입니다.

몇 시간을 자야 좋냐는 질문도 많이 받습니다. 물론 사람마다 체력과 습관 등 깨어 활동할 수 있는 능력에 따라 다르겠지만 성장기 아이들이라면 최소 7~8시간은 자서 충분히 피로를 해소할 수 있게 환경을 조성해주는 것이 필요합니다. 간혹 아이가 오후 10시부터 오전 8시까지 잤다고 하는데 10시간을 뒤척이지 않고 꿈도 안 꾸고 깊이 잘 수 있을까요?

차라리 조금 더 일찍 깨워 잠자는 시간을 단축하는 것이 훨씬 더 시간 활용 측면에서도, 수면의 질을 생각했을 때도 효과적일 것입니다. 선선하고 어둡고 조용한 환경 또한 숙면의 조건입니다. 동생과 분리했을 때 더 깊이 자는지, 부모와 함께 자야 불안감 없이 뒤척임 없이 잘 자는지 확인하는 노력도 필요합니다.

마음이 편해야
키도 더 잘 큰다

키성장이 더뎌서 고민인 아이들을 대상으로 스트레스에 관련해 조사한 적이 있었는데 단연코 1위는 수학, 2위는 엄마, 3위는 동생이었습니다. 학업 스트레스, 엄마 스트레스, 동생 스트레스는 그 무엇도 따라올 것이 없습니다. 엄마와 동생을 바꿀 수는 없기에 분리하거나 적절한 거리를 두어 덜 부딪히게 하고, 학업 스트레스는 학원을 줄여 숙제 양을 조절해주거나 학업 진도를 너무 앞서가지 않게 하는 방법이 있습니다. 이렇게 원인이 분명한 스트레스는 그나마 조절이 가능한데 타고난 기질로 인한 스트레스가 성장을 방해하는 경우 참 어렵습니다.

대표적으로 예민함, 긴장감, 불안감, 강한 승부욕, 경쟁심 등이 있습니다. 후각, 청각, 시각 등이 매우 예민한 아이들이 남의 시선이나 남의 말에 신경을 많이 쓰고 반응합니다. 어떤 아이는 몸으로 반응이 나타나 자주 복통, 두통, 메스꺼움 등을 호소하기도 하고 수면의 질이 매우 낮아 식욕까지 떨어트려 키성장을 직접적으로 방해받기도 합니다.

매사에 불안감, 두려움이 많아 긴장하다 보면 온몸의 근육도 긴장해 체형이 변하거나 자세가 구부정해 키성장을 방해받을 수 있습니다. 그리고 공부든 운동이든 강한 경쟁심과 승부욕을 보이는 아이들이 뭐든지 잘해내면서도 스트레스가 높아 별것 아닌 일에도 화를 내는 경우를 흔히 볼 수 있습니다. 뭐든 잘하려 하면 더 큰 스트레스가 되고 성과가 만족스럽지 못할 때는 화를 내는 일이 빈번해져 일상생활과 건강에 영향을 받기도 합니다. 키는 결국 아이의 마음이 편해야 잘 큽니다.

몸이 편해야
키도 더 잘 큰다

키성장을 방해하는 대표적인 질환으로 아토피, 비염, 천식, ADHD, 틱, 야뇨증, 섭식 장애, 소화 장애, 수면 장애, 불안 장애 그리고 성조숙증이 있습니다. 특히 아토피, 비염, 천식은 3대 소모성 질환입니다. 이 질환들은 성장기 아이들에게 에너지 소모를 지나치게 많이 하게 하여 원활한 키성장을 방해합니다. 나머지 질환들은 대부분 불안, 긴장과 함께 나타납니다.

이러한 질환들은 기본적으로 잘 먹고 잘 자는 생활을 방해합니다. 그래서 1년에 키가 약 4~5cm 미만으로 자라 키성장률이 하위 10% 미만인 아이가 많습니다. 하지만 이런 경우 막상 성장 클리닉에 가서 성장 호르몬 검사를 해보면 정상인 경우가 대부분입니다. 즉 신체 자체의 호르몬 이상이라기보다는 외부에서 환경적인 영향을 받아 나타나는 질환이라 할 수 있습니다.

또한 성조숙증의 원인이 되기도 합니다. 성호르몬 증가와 성숙은 비례하므로 몸이 스트레스를 받아 성호르몬이 상승하는 상태가 되면 우리 몸은 비정상적으로 빨리 어른이 되려 합니다. 결국 아이는 빨리 크고 빨리 멈추게 되어 작은 키가 될 수밖에 없습니다.

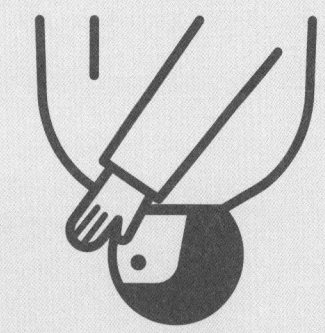

아이의 키가 작은 이유는
분명히 있습니다.
부모가 관심을 가지는
만큼 아이의 키는
더 클 수 있습니다.

4장

공부와 키, 둘 다 얻는 비결

인생은 타이밍,
키도 타이밍
때를 놓치면 다 놓친다

사람들은 말합니다. 공부도 다 때가 있다고… 그런데 공부보다 더 때가 중요한 것이 있다면 무엇일까요? 연령별, 시기별 그에 맞는 발달과 성장이라고 생각합니다. 많은 부모들이 저에게 '공부는 나중에 해도 되지만 키는 지금 아니면 안 될 것 같아 찾아왔어요'라고 합니다. 그동안 아이 공부가 가장 중요하다고 생각하고 살았는데, 어느 날 돌아보니 문득 그 시기에 해야 할 많은 것들을 놓치고 있었다는 생각이 듭니다. 그나마 이제라도 알게 되었고, 지금이라도 바꾸려고 하니 다행입니다. 그렇다면 공부와 키성장, 아이들의 성장기에 이 두 마리 토끼를 다 잡으려면 어떻게 해야 할까요?

요즘 아이들은 초등학교 입학 전에도 많은 것을 배웁니다. 숙제가 워낙 많다 보니 앉아 있는 시간이 대부분입니다. 운동을 하긴 해야 하는데 이 시기에는 마땅히 보낼 곳도 없습니다.

부모들이 미취학 아동 시기에 가장 많이 고민하는 것은 보행 자세입니다. 안짱걸음, 팔자걸음, O형 휜 다리, X형 휜 다리, 평발, 까치발 등 보행 자세가 불안정해 걱정하지만 어떻게 해야 할지 막막할 뿐입니다.

병원에 가봐도 크면서 좋아진다 또는 교정 운동을 해라 정도입니다. 하지만 아이들은 평상시에 걸을 일이 많지 않고 반복적인 자극과 근력 발달이 없다 보니 몸의 밸런스가 무너지거나 변형됩니다.

우리 어릴 때를 생각해봅시다. 학교도 걸어 다녔고 방과 후에 돌아다니거나 친구들과 놀기도 했지요. 하지만 요즘 아이들은 운동을 배우지 않는 이상 거의 다리를 쓸 일이 없습니다. 학교도 아파트 단지 내에 있어 3~5분 거리이고, 학원도 차가 학교 앞까지 와서 데려가거나 엄마가 다 태워다 주니 아이들의 24시간을 생각해보면 걷는 시간이 총 1시간도 안 될 정도입니다.

이러한 생활은 학년이 올라갈수록 거듭되면서 상태는 더욱 심각해집니다. 키만 조금 작으면 그나마 괜찮은데 성숙도 빠르고 살도 찌고 자세와 체형도 점점 변해가기 시작합니다. 하지만 공부 때문에 시간이 없어 이러지도 저러지도 못하다 시간만 흘러가고 학년만 올라갑니다.

부모들도 다 아는 사실로 아이의 키성장을 위한 시간이 절대적으로 부족하다는 것이 결정적 원인입니다. 공부하느라 수면 부족, 운동부족, 체력 부족에 식사 시간 부족까지 일어납니다. 그것은 외식, 폭식, 야식, 간식으로 균형 잡히지 않은 음식 섭취로 이어집니다. 이로 인해 체지방 급증, 성조숙증, 체형 변형, 자세 불균형, 성장 저해 등이 일어나게 됩니다.

성장 단계별
키 손실을
최소화하는 비결

성장 단계별, 학년별로 입는 키 손실은 다 다릅니다. 일반 성장기에는 성호르몬의 상승이 없고 급성장을 하는 시기도 아니지만 1년에 약 6cm 이상 크지 않는다면 그 이유를 빨리 찾아주는 것이 좋습니다.

예를 들어 초등학교 입학 전 시기에 해마다 또래보다 2cm씩 적게 큰다면 또래보다 작은 키로 입학하게 되고 학교 생활 스트레스가 가중되면서 만회하기 어려운 경우가 대부분입니다. 영어 유치원을 3년간 다니느라 운동할 시간적 여유가 없었다고 하는데 그럼 초등학교에 들어가면 시간이 있을까요?

일반 성장기의 성장 저조는 대부분 과활동이나 전혀 움직임이 없는 경우 또는 체중 증가 미미나 비만으로 나뉘게 되는데 차라리 마르고 왜소한 아이들은 지금은 작지만 늦게 클 가능성이 있습니다. 하지만 비만인 경우 성조숙증 위험까지 높아져 키만 안 크는 것이 아니라 성숙도 빨라져 작은 키에서 2차 성징이 발현되기 시작하는 경우가 많습니다.

따라서 '아직 어리니까 좀 통통해도 괜찮아, 살이 키로 다 갈 거야' 또는 '지금 작아도 괜찮아, 아빠도 늦게 컸어. 너 딱 나 닮았어, 나중에 다 클 거야'

하면서 방치하지 말고 최근 3개월간 몇 센티미터 컸고 몇 킬로그램 늘었는지 기록하면서 최근 성장도가 줄지는 않았는지, 최근 체중이 급증하지는 않았는지 관심을 갖고 관찰하고 기록하는 노력이 필요합니다.

이러한 시기가 보통 초등학교 2학년 정도까지 이어지다 3학년만 되어도 학습량이 늘어나면서 움직임이 더 줄어들고 더 늦게 자기 시작합니다. 급성장기에 많이 크는 것도 중요하지만 몇 센티미터에 급성장을 시작할 것인가 그리고 이러한 시기가 얼마나 오래 지속될 것인가가 더 중요합니다.

즉 ① 일반 성장기에서 급성장기로 넘어가는 시점이 언제인지, 그 당시 몇 센티미터였는지 ② 그래서 1년에 얼마나 크는지 ③ 그 급속 성장기가 얼마나 길게 지속되는지 등 이 세 가지가 일반 성장기에서 성호르몬이 상승하기 시작하는 급성장기로 진입하는 시기에 체크해야 할 사항입니다.

일반 성장기에는 조금 작더라도 급성장기에 만회할 수 있습니다. 그런데 이 급성장기에 공부하느라 아니면 이런저런 이유로 기회를 놓친다면 고학년으로 올라가면서 만회하는 건 점점 더 어려워집니다.

키는 나중에 말고 지금 바로 커야 합니다

최대한 큰 키에서 급성장기가 시작되려면 일반 성장기에 해마다 최대치 성장해서 그것이 누적되어야 합니다. 급성장이 시작되면 쉬지 않고 최대한 폭풍 성장으로 달려가야 합니다. 4cm 크다가 7cm 클 것인가, 6cm 크다가 10cm 클 것인가! 어느 쪽을 선택하시겠습니까? 작년에 10cm 컸는데 올해 3cm 크다 말고 감속기로 접어들 것인가, 작년에 10cm 크고 올해도 9cm 더 클 것인가! 어떻게 해야 최대치를 이끌어낼 수 있을까요?

대부분 작년에 많이 컸으니 올해도 많이 클 것이라 생각하고 방심하지요. 그리고 아이가 크고 있으니 계속 클 거라고 생각합니다. 현실은 그렇지 않습니다. 2년

동안 급성장의 최대치를 꾸준히 지속하려면 늦게 자서도, 운동을 줄여서도, 너무 살이 찌거나 빠지는 것을 반복해서도 안 됩니다.

최상의 컨디션을 유지해야 아이가 최대한 크고 난 뒤 감속기에 접어들 수 있습니다. 그러나 감속기는 이미 여자아이는 초경 이후, 남자아이는 음모 변성 액모 발현 이후이기에 대부분 고학년에 진입한 상태에 사춘기까지 더욱 강하게 오는 시기입니다. 가뜩이나 급성장 후에 감속기가 연달아 이어지다 보니 성장 속도가 현저하게 줄어드는 것처럼 보이고 대부분 '최근 6개월간 키가 거의 안 컸다'고 체감하는 시기이기도 합니다.

고학년이자 감속기의 특징은 늦은 취침, 운동부족, 야식이 세트입니다. 늦게까지 공부하니 밤에 먹고 늦게 잘 수밖에 없으며 운동을 거의 못하니 감속기 때문인지, 어떤 이유로 키가 안 크는 건지 애매할 정도로 키성장을 위한 환경이 엉망이 되어버립니다.

일반 성장기와 급성장기에 키를 최대치로 키운 상태라면 감속기에서 키가 안 크더라도 어느 정도 감수할 텐데 그렇지 않은 경우 감속기에서 키를 키워야 하다 보니 24시간을 쪼개서 공부도 해야 하고 키성장도 도모해야 하는 어려움이 있습니다. 늦은 취침은 성호르몬의 억제를 방해해 성장판을 빨리 닫히게 할 수 있고 야식도 성장 호르몬의 분비를 저하시켜 살을 찌게 만들고 키를 안 크게 할 수 있습니다.

공부 vs 키,
어느 것이 성장하길
바랍니까?

하루 24시간은 모두에게 동일하게 주어집니다. 그 시간 안에서 공부와 키, 둘 다 쑥쑥 키울 수 있는 방법이 있을까요? 키성장 클리닉을 오래 운영해온 저도 어려운 문제지만 늘 이렇게 강조합니다. '나무를 보지 말고 숲을 보세요!' 건강을 잃으면 모든 것을 잃는 것이죠. 키와 공부, 둘 중에 하나를 선택하라는 것이 아니라 건강을 잃으면 성적도 의미 없어진다는 것을 건강을 잃고 나서 깨닫지 않길 바랄 뿐이죠.

많은 부모들은 공부가 키성장에 영향을 미친다고 생각하지 않습니다. 아이의 성장을 방해하는 원인이 안 움직여서, 많이 먹어서, 잠을 안 자서 등등 비만과 자세의 문제라고 생각합니다. 그런데 비만, 잘못된 자세를 야기시키는 건 결국 과한 교육열 때문입니다. 앉아 있는 시간이 늘어나다 보니 살이 찌고 또 잘못된 자세를 갖게 되며 그로 인해 키가 안 크는 것이죠. 따라서 근본적인 원인은 공부입니다.

조금 빨리 가는 것이 결코 멀리 갈 수 있는 법이 아니듯, 선행 학습을 하느라 그 시기에 성장해야 할 부분들을 놓치고 건강도 잃는다면 어떻게 수습해야 할까요? 센터를 찾아온 부모들의 안타까운 사연을 통해 알아보겠습니다.

중학교 3년 내내 공부에 집중하느라 아이의 키에 대해 별 생각이 없었는데, 고등학교 입학 후 어느 날 고개를 들어보니 중학교 2학년 때 키 그대로 멈춰 있고 사람들이 '거북이'라고 부를 정도로 자세가 구부정해 있었습니다. 남자는 고등학교 가서도 키가 큰다고 하던데 몇 년째 169cm에 딱 멈춰 있어요.

의대를 준비하는 아이는 키 작아도 공부만 잘하면 된다며 신경 쓰지 말라고 하는데 저는 그래도 키가 중요할 것 같고, 공부와 아들의 키를 맞바꾼 것 같아서 마음이 안 좋습니다. 구부정한 자세도 아무리 잔소리를 해도 안 바뀌고, 가끔 두통을 호소해 병원에도 가봤는데 아무 이상은 없고 자세 때문이라는 이야기를 들었습니다.

남자아이는 일반적으로 만 17세 전후에 성장판이 닫힙니다. 만 15~16세라면 성장판이 거의 닫히는 시기이지만 그렇다고 1cm도 클 수 없는 상태라는 뜻은 아닙니다. 지금이라도 거북목과 굽은 등을 펴는 자세 체형 교정 운동을 통해 숨은 키도 회복하고 성장판 자극 운동도 해야 합니다.

이 아이는 목과 어깨 부위가 매우 타이트해 긴장성 두통을 유발하고 있어 목 주변의 근육을 이완하고 탕 목욕도 적극 권장했습니다. 고등학생이라 일찍 잘 수 없어 밤 12시는 넘기지 않고 취침하도록 했고, 주 1회 성장 관리를 받으며 가정에서 운동을 병행하도록 했습니다.

초등학교 때 늘 작지 않았던 아들, 중학교 입학 때 키가 162cm였고 또래보다 큰 편이었습니다. 초등학교 저학년 때에는 태권도, 수영도 다니고 친구들과 농구, 축구도 했는데 초등학교 5학년 때부터 학습량이 늘어나면서 하던 운동을 모두 중단했습니다.

중학교 입학 후 운동도 하지 않고 공부하느라 늦게 자면서 1년 동안 살이 많이 쪘습니다. 그래도 키가 조금씩 크고 있어 그냥 괜찮겠지 했는데 중학교 2학년 들어와서 성장이 주춤하니 아이가 성장판 검사를 해보고 싶다고 했고 병원에 갔더니 성장판이 거의 닫혔다고 합니다. 지금 키가 167.5cm이고 최종 키는 170cm가 안 될 수도 있다고 하는데, 공부한다고 운동을 전혀 안 시켰던 것이 후회됩니다.

아이 부모는 아이가 초등학생 때부터 중학교 선행 학습을 했고 초등학교 5학년 겨울방학에 중학교 3학년 수학까지 다 뗐다고 자랑하더라고요. 딱 그때부터 중학교 2학년이 되기까지 운동은 제로. 그게 키가 빨리 크고 빨리 멈춘 가장 큰 원인이었습니다. 학습량이 많으니 섭취량으로 충당했고, 움직임이 없으니 체지방이 계속 늘어 빠르게 성호르몬이 상승했습니다.

더도 말고 덜도 말고 딱 3cm만 키워달라, 더 이상 바라는 것 없다 하시는데 운동을 쉰 지 3년이 넘어 조금만 운동해도 아이가 발목 통증을 호소해 운동에 제약이 있었어요. 이런 경우 발목의 안정성을 확보해 운동을 가능하게 하는 것이 최우선이고 관절의 가동 범위를 넓히고 근력을 길러 고등학교 입학 전까지 최대한 클 수 있게 식습관, 수면 습관, 운동까지 관리해 키성장에 도움을 주었습니다.

중학교 1학년 딸아이. 초등학교 5학년에서 6학년 올라갈 때 초경을 했는데 공부하느라 살만 찌고 키가 안 컸습니다. 초등학교 6학년 때 중학교 과정을 선행 학습하느라 거의 움직이지 않았고 매일 밤 12시에 잤다고 합니다. 152cm에 초경을 해서 최종 키가 160cm는 될 줄 알았는데 157cm에서 키가 전혀 움직이지 않아 걱정입니다.

초경 자체가 아주 빠른 편은 아니지만 앉아 있는 시간이 워낙 많다 보니 급성장을 제대로 못하고 초경을 한 경우이고 6학년 때 체지방이 늘면서 5cm 크고 감속이 빠르게 진행되었습니다. 늦은 취침, 운동부족, 체중 급증 이 세 가지가 모두 감속이 빠르게 일어나는 결정적인 이유여서 주 2회 운동과 오후 11시 취침, 오전 6시 기상을 실천하고 식사 이외의 군것질과 야식을 거의 끊게 했습니다. 초경 후 1년 반이 지나면서 성장판이 거의 닫힌 상태로 진입하는 것이 일반적이므로 160cm 될 때까지는 키성장과 공부를 병행해야 한다는 것을 강조했습니다.

초등학교 4학년 딸아이가 이제 겨우 144cm인데 엊그제 초경을 했습니다. 병원에 갔더니 뼈나이도 빠르고 성장 호르몬 주사를 맞아도 소용이 없다고 합니다. 최종 키는 150cm라고 하는데 믿기지가 않습니다. 초등학교 3학년 때 공부를 너무 많이 시킨 것이 후회가 됩니다. 지금은 다니던 학원을 모두 중단하고 운동에 전념하고 있습니다. 할 수만 있다면 그때로 돌아가 공부가 아닌, 운동을 시키고 싶습니다.

늦었다고 생각할 때가 가장 빠르다는 말도 있습니다. 초경 이후 성장 속도가 급격하게 떨어지는 것이 일반적이기에 매우 발 빠르게 움직인 부모님께 칭찬을 아끼지 않았습니다. 보통 '나도 초경 이후에 컸으니 이른 초경은 충격이지만 기다리면 어느 정도는 클 거야' 하는데 지금이라도 생활습관을 바꾸고 건강과 키를 살릴 수 있는 노력을 기울이겠다 하니 감사할 따름이죠.

똑똑한 아이니 학원을 과외나 다른 방법으로 바꾸고, 주 3회 90분씩 키성장을 위한 운동에 전념하며 매일 오후 10시 취침, 오전 6시 기상을 실천하게 했습니다. 선택과 집중을 한 결과 초경 직후 1년간 7cm가 자라 이미 병원에서 예측한 최종 키보다 더 큰 상태로 목표 키를 상향 조정했습니다.

초등학교 3학년 아들, 입학 후부터 학습량이 많아지면서 남들 다 하는 축구, 태권도도 안 하고 책 읽고 공부만 했습니다. 잘 먹으면 잘 큰다는 생각에 고기, 우유를 많이 먹였는데 생각보다 키가 안 커 병원에 갔더니 혈당이 높고 뼈나이가 2년 빠르다고 합니다.

만 9세 키로는 평균보다 약간 작은 편이라 단순하게 보면 하위 40% 정도 되는데 뼈나이를 고려해 만 11세 키라 생각하면 하위 5%가 되어 예상키가 165cm가 안 될 수도 있다는 말을 들었습니다. 병원에서 혈당이 높아 성장 호르몬 주사도 맞을 수 없으니 운동을 하고 혈당을 낮춰 6개월 후에 다시 오라고 했습니다.

어른도 아닌 초등학교 3학년 아들이 혈당이 높다는 이야기를 들은 만큼 부모도 아이도 충격을 받아 식습관부터 철저히 바꾸기 위해 노력했습니다. 신호등 식판을 사용해 빨강, 노랑, 초록 채소를 골고루 섭취할 수 있도록 하고, 체중에 비례하는 1인분의 개념을 알려주고 구성과 양 모두 신경 쓰게 했습니다.

혈당이 높으면 성장 호르몬 분비가 저하되므로 혈당 조절을 위해 주 3회 운동하고 간식은 물론이고 물처럼 수시로 마시던 우유도 끊게 했습니다. 그 덕분인지 6개월에 6kg을 감량했고 키까지 커서 병원에서 성장 호르몬 주사를 맞을 필요가 없어졌습니다.

유치원에 잘 다니고 있던 아이, 남들 다 보낸다는 비싸고 좋은 영어 유치원을 찾아 옮긴 지 3개월. 아이가 잘 다니는가 싶었는데 가만히 보니 3개월간 키가 하나도 안 큰 느낌이 들었습니다. 그래서 키를 쟀더니 영어 유치원 다니기 시작한 달부터 키가 그대로 멈춰 있는 것을 알게 되었습니다. 아차 싶어 아이에게 물었습니다.

"너 혹시 영어 유치원에서 무슨 일 있니?" 했더니 "원어민 선생님이 너무 싫어!"라고 대답하더군요. 말을 못 알아듣는 게 스트레스였던 것 같습니다. 영어 유치원을 그만두고 동네의 편안한 어린이집으로 옮겼더니 다시 아이가 밝아지고 키가 잘 크는 것 같습니다. 그 뒤로 남들 따라 학원 보내고 남들 따라 선행 학습시키는 일은 절대 안 하기로 마음먹었습니다.

이사, 전학, 동생의 출생 등 환경 변화는 아이들에게 큰 스트레스가 됩니다. 뿐만 아니라 어려운 수준의 학원으로 옮기거나 잦은 경시대회, 콩쿠르 출전 등은 긴장, 불안, 스트레스로 인해 키성장을 방해합니다. 아이들을 스트레스 가득한 상태의 환경에 두고 키가 잘 크고 건강하기를 바란다는 것은 앞뒤가 맞지 않아요. 그래도 해야 한다면 그걸 감당할 수 있는 능력을 함께 길러주는 것이 필요합니다. 아이들이 감당할 수 있는 저마다의 방식을 찾아주는 것이 건강한 성장의 기본입니다.

공부와 키
두 마리 토끼를
다 잡으려면
어떻게 해야 할까요?

공부와 키! 저마다 가치관이 다르고 경중의 차이가 있지만 지금 이때 아니면 할 수 없는 것들은 때를 놓치면 안 되니 타이밍이 매우 중요합니다. 그 대표적인 것이 바로 키입니다. 누구에게나 24시간은 딱 정해져 있는데 그 24시간을 쪼개서 키도 커야 하고 공부도 해야 한다면 시간 분배가 관건입니다.

새벽 1시에 자고 아침 8시에 일어나는 것과 밤 11시에 자고 아침 6시에 일어나는 것 중 어떤 것이 키도 크고 공부도 할 수 있는 방법일까요? 늦은 취침은 성호르몬의 억제를 방해합니다. 어릴 때부터 늦은 시간까지 공부하거나 안 자는 습관이 든 아이들이 성숙이 빨라지거나 성장을 저해받을 뿐 아니라 수면 부족, 피로 누적, 아침 식사 거르기 등이 연쇄적으로 일어나게 됩니다.
24시간을 여러 가지 일에 나눠 써야 한다면 키도 크고 공부도 할 수 있도록 해가 뜨는 시간에 일찍 일어나 공부도 하고 밥도 먹고 활력 있게 하루를 보내고, 해가 지는 저녁에는 세포 재생과 피로 해소 그리고 호르몬의 정상 가동을 위해 일찍 깊이 자는 습관을 들여야 합니다.

공부를 매우 잘하는 아이들과 이야기를 해보면 밤늦은 시간에 공부 집중이 훨씬 잘된다고 말하거나 그날 해야 하는 분량을 다 마치지 못하면 잠을 자기 어렵다는 말을 하곤 합니다. 사람마다 다른 것이니 이해는 되지만 성장기에 공부를 하느라 건강과 성장을 잃는다면 나중에는 그것을 만회하기가 힘이 듭니다. 시간 분배만 잘하면 둘 다 얻을 수 있는데 하나만 중요하다고 고집하면 하나는 잃을 수밖에 없으니 현명한 판단하기를 바랍니다.

건강하고 올바른
자세로부터
키도 공부도
쑥쑥 성장한다는 걸
잊지 마세요.

5장

키 성장력을 높이는 마음 근력 키우기

아이의
성향을 알면
키성장력이 보인다

무슨 일이든 현재를 정확히 분석하는 것이 중요합니다. 그래야 방향 설정이 쉬우니까요. 그런데 내 아이에 관련된 일만큼은 그게 잘 안 되는 부모가 많아요. 욕심이 앞서고 객관적인 분석이 잘 안 되기 때문이겠지요. 다른 건 다 논리적이고 객관적으로 생각하는데 왜 아이들의 키성장만큼은 유전자 탓을 하고 공부를 핑계로 뒷전으로 밀릴까요?

주변에서 선생님이나 친구 엄마 그리고 친척들이나 친구들이 내 아이에 대해 말하는 것을 귀담아들으려 하지 않아요. 그렇다고 내 아이에 대해 제일 잘 아는 것도 아니면서 말이죠. 대부분의 부모들은 아이의 공부는 나름대로 객관적인 잣대가 있는데 키성장에 관해서는 객관적인 기준이 없어요.

내 아이의 변화를 가져오려면 먼저 부모가 관심을 갖고 관찰해야 합니다. 그것이 첫 번째로 할 일이에요. 그래서 눈으로 보고 먼저 알아차려야 해요. 지금 무엇이 필요한지를요. 부모가 아이와 함께 저희 센터에 첫 방문할 때 가끔 황당한 경우가 있습니다. 자녀들의 키가 작아 전문가를 찾았는데 최근 1년간 키가 얼마나 컸는지, 체중이 얼마나 늘었는지 잘 모를 뿐만 아니라 현재 키와 체중조차도 몰라요. 정확한 수치는 알지 못한다 하더라도 아이가 어떻게 자라고 있는지, 유난히 달라진 점은 없는지 부모가 모르면 누가 알까요?

그냥 어느 날 친구하고 노는 걸 보니 우리 아이만 유독 작아서, 아이가 학교에서 키 때문에 스트레스받는 일이 있어서, 농구를 하다 손가락을 다쳐 성장판을 찍었는데 뼈나이가 빠르다는 이야기를 들어서, 학교 건강검진에서 콜레스테롤 수치가 높고 경도 비만이라는 이야기를 들어서 등등 정말 우연한 기회에 아이 키나 성숙에 관해 관심을 갖게 되는 경우가 많아요. 그래서 이번 파트에서는 부모들이 내 아이의 성향에 조금 더 관심을 기울일 수 있도록 MBTI 유형별, 형제 서열별, 아이의 성향별에 따른 키성장력을 높이는 방법에 대해 알아보도록 하겠습니다.

MBTI 유형별
키성장력 찾기

요즘 유행하는 MBTI로 아이들의 성향을 크게 네 가지 유형으로 나눠보고 도와줄 방향을 찾아보면 어떨까요? I와 E, S와 N에 따라서도 다를 수 있겠지만 FP(감정형+인식형) 유형의 아이들은 전반적으로 순하고 부드러워 부모가 길을 잘 잡아주고 성실하게 지속할 수 있게 도와주는 것이 좋습니다. 흥미로운 방법들을 제시하고 그 안에서 결과를 내기 위해 공감해주고 이끌어주는 사람이 있으면 도움이 될 것입니다.

또한 TP(사고형+인식형) 유형의 아이들은 개성과 호불호가 강한 편이라 자기 주장이 강하지만 한번 선택하면 해내고야 마는 아이들이므로 선택과 집중이 관건입니다. 가다가 옆으로 새지 않고 목표에 도달하기 위해 목표를 상기시켜주는 것이 필요합니다.

ISFP	조용하면서도 끼가 많은 순둥이	ISTP	개성 강한 혼자 놀기의 달인
INFP	다정하면서도 주관이 확고한 몽상가	INTP	호불호가 뚜렷한 호기심 천국
ESFP	명랑 쾌활하고 적응력 갑인 마당발	ESTP	재치 있고 시원시원한 행동 대장
ENFP	순수와 천진 난만의 결정체	ENTP	독창성 넘치는 골목 대장

FJ(감정형+판단형) 유형의 아이들은 섬세하고 꼼꼼한 만큼 생각이 많은 편으로 자신과 맞는 사람과 안 맞는 사람은 구분 짓는 경향이 있습니다. 나와 다른 유형도 잘 받아들일 수 있고 매사에 긍정적으로 사고할 수 있는 힘을 길러주는 것이 필요합니다.

TJ(사고형+판단형) 유형의 아이들은 전반적으로 강하고 원칙과 규칙에 민감하며 매사에 논리적으로 맞고 틀리는 것에 중점을 두는 경향이 있습니다. 스트레스를 많이 받을 수 있으므로 릴랙스하는 기술을 익히고 주변을 더 이해하고 함께 발전할 수 있는 마음가짐을 길러주는 것이 좋습니다.

ISFJ	꼼꼼하고 배려심 많은 완벽주의자	**ISTJ**	차분하고 책임감 있는 논리주의자
INFJ	섬세한 상상력 대장	**INTJ**	진지한 꼬마 사색가
ESFJ	명랑하고 협조적인 분위기 메이커	**ESTJ**	추진력 강하고 든든한 버팀목
ENFJ	사람에게 관심이 많은 감성파	**ENTJ**	원칙에 충실한 리더

<성격대로 키우는 부모학교> 상담 심리 전문가 조수연 박사의 성격 맞춤 육아법(조수연, 2020, 경향BP) 참고

형제 서열별
키성장력 찾기

아이들의 성격은 재미로 보는 MBTI 유형뿐만 아니라 외동이냐, 첫째 혹은 막내냐, 셋째 중 둘째냐, 쌍둥이냐와 같은 형제 서열에 따라서 또 다르게 나타날 수 있습니다. 심리학의 거장이자 정신의학자인 알프레드 아들러는 성격은 타고나는 것이 아니라 대인관계 속에서 자신이 원하는 성격을 택하고 또 바꿀 수 있다고 했습니다.

같은 부모 같은 환경에서 자라도 형제 순위에 따른 차이가 있습니다. 부모들은 첫째에게 엄하고 바라는 것이 많으나 둘째나 막내한테는 관대하고 허용적인 부분이 많지요. 쌍둥이는 둘이 잘 지내는 것처럼 보여도, 사실 뱃속에서부터 경쟁 구도라 은근히 스트레스가 높습니다. 이렇게 같은 뱃속에서 태어난 형제, 자매도 서열별로 분류해보고 여기에 맞는 키성장력을 찾아보면 어떨까요?

● **첫째 아이**

아들러는 둘째가 태어나면 첫째는 '왕좌에서 폐위된다'고 표현했습니다. 왕좌에서 밀려난 첫째는 매우 착하게 굴어 부모님의 사랑을 독차지하려 합니다. 하지만 또 다른 경쟁자가 나타날까 불안해하기도 합니다. 첫째는 대체적으로 책임감과 부담감, 불안감이 크고 무의식적으로 통제하려는 습관을 갖고 있습니다. 무언가 뺏길 수도 있다는 불안감은 몸의 긴장을 유발하므로 편안한 마음가짐을 가질 수 있도록 많은 대화가 필요합니다. 또한 자기도 모르게 동생에게 하듯 남에게 서열적으로 높은 위치를 차지하려 합니다. 그 관계 속에서 스트레스를 받을 수 있으므로 매사에 책임감을 덜고 부담감을 버릴 수 있게 도와줘야 합니다.

- **둘째 아이**

첫째보다 부담감은 덜하지만, 앞사람을 따라잡으려고 열심히 노력하는 면이 있어 그것이 장점으로 작용하는 경우가 많습니다. 다만 매사에 비교당하고 내가 스스로 쟁취하지 않으면 얻을 수 없다는 것을 알아 욕심쟁이처럼 보이기도 합니다. 남과 비교하지 말고 꼭 이기지 않아도 되니 여유롭게 사고하도록 도와주면 좋겠습니다.

- **중간 아이**

위아래 형제로 인한 정체성의 혼란과 경쟁 속에서 불공평이나 피해 의식을 느낄 수 있습니다. 경쟁적이면서도 독립적이지는 않아서 내면이 상충되어 혼자 스트레스를 받을 수 있는 서열이라 부모가 조금 더 사랑으로 대해주는 것이 필요합니다.

- **막내 아이**

부모들의 관대한 양육으로 사랑받고 자라지만 의사 결정이 어려울 수 있습니다. 남에게 의존적이지 않고 스스로 사고하고 판단하는 능력을 길러주는 것이 중요합니다. 매사에 간절함이 부족할 수 있어 목표를 세우고 시간 내에 해내는 훈련도 도움이 됩니다.

- **외동 아이**

어른과의 관계는 좋으나 또래와의 친밀함이나 소통의 기술은 부족할 수 있으므로 또래와 어울릴 기회를 많이 갖게 하는 것이 좋습니다. 과잉 보호 속에서 의존적이고 자기 중심적인 경우도 있고 반대로 인간관계 자체가 매우 여유롭고 느긋할 수도 있으므로 양육 태도에 따라 개인 차가 클 수 있습니다.

아이 성향별
키성장력 찾기

아이의 성향과 키는 어떠한 상관관계가 있을까요? 쌍둥이가 있다고 가정해봅시다! 같은 뱃속에서 같은 날, 같은 시에 태어나도 한 명은 적극적이고 외향적인 성격을 가진 반면에 한 명은 소극적이고 내성적인 성격을 갖는 경우가 있어요. 각기 예민함 정도도 다르고, 욕심의 크기도 다르죠. 이와 같이 아이의 성향이 키에 미치는 영향을 다양한 사례와 솔루션을 통해 알려드리겠습니다.

❶ 내성적이고 소극적인 아이

일단 소극적이고 겁이 많은 아이들은 뭐든지 시작하기를 두려워해요. 운동도 즐겁다고 느끼기보다는 무언가에 대한 도전이라고 생각해 시작은 물론이고 매번 조심스럽고 부담스러워합니다. 그러다 보니 움직임에 제한이 많고 거의 운동을 하지 않으며 앉아서 하는 것이나 소그룹 활동에 조금 더 편안함을 느낍니다.

> **STORY →** 초등학교 3학년인 아들, 축구를 하는데 키가 잘 안 커서 농구로 바꿨습니다. 축구 교실을 3년 동안 다녀 나름 운동을 하고 있다고 생각했는데, 직접 가서 보니 제대로 안 하고 뒤로 빠져 있는 것을 보고 그동안 무엇을 했는지 모르겠더군

요. 그래서 농구로 바꾸면 키 크는 데에도 도움이 되고 새로운 걸 배우면서 좀 나아질까 싶었는데, 농구 역시 제대로 안 하긴 마찬가지더라고요. 친구들이 아무도 패스를 안 해주는데 아무 말도 못하는 모습을 보고 너무 속상했습니다. 농구도 과외를 시켜야 하나요?

SOLUTION → 내성적이고 소극적인 아이들의 경우, 밖에서 친구들과 어울리기를 힘들어하다 보니 활동적인 운동을 지속하기가 어려워요. 아이가 소심하다고 하면 사람들은 운동을 시켜보라고 하지만 아이가 운동을 좋아하지 않아 어떤 운동도 선뜻 보내기가 어렵지요. 또 새로운 환경을 두려워하고 적응하는 데 오래 걸리며 큰소리로 수업을 진행하는 것에도 거부감을 갖는 경우가 많습니다. 운동 중 친구와 몸을 부딪히거나 앞에 나서는 것을 싫어해 뒤에서 들러리 서 있다 오는 경우도 많아요.

여러 명이 함께하는 단체 운동에서는 어려움을 겪을 수 있어요. 잘하는 아이들에게 치이거나 무시당해 트라우마가 될 수도 있고요. 처음에는 1대 1 또는 부모와 함께 2대 1 레슨으로 아이가 천천히 적응할 수 있게 도와주고 칭찬으로 용기를 북돋아주어야 합니다. 사소한 성공의 경험이 중요해요. 아이 혼자 낯선 환경에 보내기보다는 처음에는 같이 가주고 잘 어울릴 수 있게 도와주는 노력이 필요하지요.

남과 비교하거나 시합하는 것이 아니라 쉬운 동작을 배운 후 거울을 보고 그 기술을 단순 반복하는 복싱이나 킥복싱을 추천해요. 소심함을 없애자고 태권도나 복싱을 보내는 것이 아님을 명심해야 합니다. 아이에게 잘 맞는 선생님을 찾아 꾸준히 단순 반복하면서 자신감을 갖게 해주는 것이 중요하고 아이가 조금이라도 개선된 모습을 보이거나 성공적인 수행을 했을 때는 반드시 칭찬해주는 것이 좋습니다. 다른 사람 앞에서 칭찬받는 걸 부끄러워한다면 단둘이 있을 때라도 정말 잘했다고 말해주세요.

❷ 매우 정적인 아이

천성이 정적인 아이들이 있습니다. 이런 경우 부모 둘 다 또는 한쪽의 성향이 매우 정적이고 차분한 경우가 많아요. 3~4세임에도 엉덩이 붙이고 앉아 있는 것을 잘하고 레고 만들기나 그림 그리기, 책 읽기 등을 좋아해요. 어릴 때부터 밖에 나가 몸을 움직이는 것보다 가만히 앉아 책 읽는 것을 좋아하는 정적인 아이들은 대부분 운동에는 관심이 없어요. 대체적으로 공부를 잘하고 학습량도 많지요.

체중에 비해 근육량은 매우 적고 체지방이 높으며, 몸을 써본 적이 거의 없어 무슨 운동을 해도 잘 못해 다들 '운동 신경이 없다'라고 합니다. 그러나 고학년이 되면서 학교 체육 시간에 스트레스를 받고 자존감 하락의 원인이 될 수 있어 '부모 닮아 운동 신경이 없다'라고 가볍게 생각할 일은 아니에요.

STORY → 초등학교 6학년 아들, 조금 있으면 곧 중학생이 되는데 자꾸만 살이 찌고 키가 안 커서 걱정이에요. 어릴 때부터 움직이는 것을 좋아하지 않아 수영을 3개월 다녔는데 진도도 별로 못 나가고 그만두었고, 자전거 좀 타라 해도 나가는 것 자체를 싫어해 꼼짝하지 않아요. 조금만 걸어도 발이 아프다 하는데 걷기 싫어서 그러는 건지 진짜로 아픈 건지 잘 모르겠어요.

SOLUTION → 부모가 시간을 정해 아이와 함께 밖으로 나가 운동할 수 있게 도와 줘야 합니다. 다 같이 조용히 독서를 하거나 집에만 있는 분위기에서 벗어나 의도적으로 나가서 걷고 뛸 수 있는 환경을 만들어야 해요. 매일 30분 이상, 집에서 OO 중학교 정문 찍고 돌아오기 같은 것을 시도해봅니다. 처음에는 가볍게 대화를 하고 나중에는 숨이 찰 정도로 걷기를 하다 보면 체력이 좋아져 1시간 이상도 편하게 걷는 날이 옵니다. 그때까지 계속 반복해야 해요. 앉아만 있으면 심폐 기능이 점점 약해지고 근손실이 계속 발생해 나중에는 자세, 체형이 틀어지고 무너져 공부하는 데에도 방해가 된다는 사실을 명심해야 합니다. 그것도 어려우면 실내 자전거 타기와 스트레칭이라도 시작해보세요.

❸ 매우 예민한 아이

타고난 기질이 매우 예민한 아이들이 있어요. 이러한 아이들은 대부분 몸의 긴장도가 높고 남들 시선에 신경을 많이 씁니다. 남이 나를 어떻게 보는지, 즉 내가 남에게 어떻게 보이는지에 신경을 많이 써서 매사에 내가 중심이 아니라 남이 중심이 되고 일이 원하는 방향으로 흘러가지 않으면 스트레스를 받게 됩니다.

STORY → 초등학교 4학년 딸, 매우 예민해서 아침에 학교 가기 전 밥만 먹으면 배가 아프다 하고 시험 때가 되면 소화가 잘 안 된다고 해요. 친구가 하는 말이나 선생님이 그냥 하는 말에도 신경을 많이 써서 자려고 누워도 계속 생각난다고 합니다. 친구들이 뒤에서 자꾸 자기 이야기를 하는 것 같고, 숙면을 못 취해 늘 피곤해하면서도 각성 상태인지 아침에는 벌떡 일어납니다. 자는 것도 아니고 안 자는 것도 아닌 거죠. 운동을 시키자니 새로운 환경에 적응하는 것을 두려워합니다.

SOLUTION → 같은 장소, 같은 시간, 같은 선생님께 익숙한 운동을 반복하면서 편안함을 느낄 수 있게 해주는 것이 좋습니다. 성취감을 쉽게 느낄 수 있는 운동이나 놀이를 통해 접근성을 높이고 오랫동안 같은 것을 반복하면서 낯선 상황이나 어려움을 줄여주도록 노력합니다. 신체 활동과 운동을 통해 전신에 자극을 주고 성장 발달을 도모하는 것은 성격도 밝게 하고 행복감을 느끼게 해주므로 성장기에는 필수입니다. 몸을 쓸 때에는 쓰고 쉴 때에는 확실하게 쉴 수 있도록 규칙적인 패턴을 생활화합니다.

❹ 무기력한 아이

무엇이든 부정적인 아이들이 있습니다. 뭐든지 싫다 하고 실패할 것을 두려워하거나 자존감이 낮아 나는 잘 못할 것이라고 걱정하는 경우, 학교생활이나 사회생활에서 어려움을 겪지요. 매사에 긍정적인 사고를 할 수 있도록 부모의 역할이 매우 중요합니다. 가정 내 어른들도 부정적인 단어나 표현은 금지하고 운동을 통해 활력을 불어넣는 것이 매우 중요합니다.

STORY → 너무 마른 초등학교 1학년 딸, 남들 다 가는 태권도도 한 달 만에 그만두었어요. '재미없다, 하기 싫다' 하는데 정확히 이유를 잘 모르겠습니다. 평소에 식욕도, 의욕도 없고 밖에 나가자고 해도 집에만 있으려 해서 걱정이에요. 1년이 지나도 체중이 1kg도 안 느는데 키가 잘 클 리가 없겠죠? 가만히 있어도 체중이 안 느는데 운동을 시키는 것이 맞을까 싶었지만 수영을 보냈어요. 수영을 하면 허기져 많이 먹지 않을까 했는데 오히려 살만 더 빠지고 피곤해해서 그만두게 했어요. 심지어 키도 몇 달째 그대로예요.

SOLUTION → 아이가 많이 먹지도, 움직이지도 않는다면 식욕도, 의욕도, 활력도 없는 마르고 무기력한 아이의 유형에 해당한다고 볼 수 있습니다. 이런 경우 부모 둘 중 한 사람이 매우 말랐거나 소식하는 경우가 흔하지요. 소식하고 위가 작아 1년에 1kg 증가도 어렵고 먹지를 않으니 늘 기운이 없고 운동할 힘도 없겠지요. 조금만 움직여도 힘들어하고 체력이 약해 학교 갔다 오는 것만으로도 지치는 경우가 대부분입니다. 운동을 해서 체력을 길러야 하는데 먹지를 않으니 억지로 시킬 수도 없고 난감하지요.

키 크는 운동을 시키려 할 때 무기력한 아이들은 단체 운동이 맞지 않습니다. 다른 친구들과 체력 수준을 맞추기 어렵고 전체적인 진행 속도를 따라갈 수 없기 때문이지요. 서서히 점진적으로 체중과 체력을 같이 올리는 것이 중요해요. 섭취와 운동이 맞물릴 때 비로소 근육량의 증가와 바른 자세를 유지하며 키성장도 가능합니다. 가족과 함께하는 즐거운 배드민턴이나 자전거 타기도 좋아요. 가정에서 하는 스테퍼나 계단 오르기와 같이 유산소와 근력 운동을 동시에 할 수 있는 운동도 좋고요. 수영처럼 칼로리 소모가 높은 운동은 체중 증가를 먼저 시도하고 조금씩 늘어나기 시작하면 그때 하는 것이 맞아요.

❺ 승부욕 경쟁심이 강한 아이

경기에 지면 자존심이 상해 운동을 안 가려 하는 아이가 있어요. 또는 자신이 공부와 달리 운동에서는 주인공이 되지 못해 아예 안 하려 하는 아이도 있습니다. 자기가 잘하는 것만 하거나 정답만 말하려는 아이들이 이에 해당하지요. 농구 경기를 하는데 친구가 자기에게 패스를 안 해줘, 축구를 하는데 자신이 골을 못 넣어 자존심 상해하면서 운동을 하기 싫어하게 됩니다.

STORY → 초등학교 5학년 아들, 승부욕 경쟁심이 너무 강해 운동만 다녀오면 화가 많아져요. 자신이 골을 못 넣어 화가 나고 친구가 패스미스를 해서 게임에 졌다고 화를 내고… 친구들과 사회성도 기르고 공부 스트레스도 풀라고 운동을 보낸 건데 자꾸 져서 기분이 나빠 운동이 가기 싫다고 합니다.

SOLUTION → 경기에서 졌을 때 남 탓, 상황 탓, 자책, 비관, 자존감 하락 등으로 이어지지 않게 결과보다 과정이 중요함을 가르쳐야 해요. 단체 운동을 통해 협동심, 양보, 배려, 페어플레이 정신 등을 배울 수 있게 도와주어야 합니다. 꼭 이기지 않아도 운동을 통해 얻고 배울 수 있는 점들을 계속해서 부모도, 선생도, 코치도 교육해야 해요. 당장 여럿이 하는 팀 플레이가 어렵다면 단순 반복의 강도 있는 운동을 추천합니다. 예를 들면 자전거를 타고 경사를 오르거나 스쿼트나 버피 테스트와 같은 근력 운동을 강도 있게 반복하는 것이 좋아요. 스트레스 경험 이후에 강도 높은 신체 활동이 트라우마를 극복하게 해주거나 불안, PTSD(외상 후 스트레스 장애)를 줄여준다는 연구가 있습니다. 완벽주의 아이인 경우 부모 중 한 명이 완벽주의자일 때가 많은데 일이 아니라 관계에서는 그러지 않아도 됨을 어릴 때부터 교육하는 것이 필요합니다. 이기지 못해도 과정이 중요함을 강조해주세요!

ADHD 아이들은 에너지를 발산하는 것이 좋아요. 에너지를 발산할 수 있는 대근육 운동으로는 수영이나 달리기, 배드민턴 등을 추천해요. 처음에는 1대 1로 개인 지도를 통해 방법과 룰을 익히고 나중에는 친구들과 함께할 수 있는 환경을 만들어주세요. 집중할 수 있는 시간이 짧기 때문에 흥미를 유발하는 요소를 가미하고 쉬운 달성 목표를 주어 성취감을 느끼게 해주는 것이 중요합니다.

많은 부모들에게 꼭 하고 싶은 이야기가 있습니다. 아이를 비교하는 순간, 불행이 시작됩니다. 남과 비교하지 마세요. 그리고 성공이 아닌 성장에 집중하세요.

내 아이
제대로 관찰하기 미션!

① 아침에 개운하게 잘 일어나는지,
피곤하다며 잘 일어나지 못하는지?

② 아침 식사를 하면 소화가 잘되는지, 배가 아픈지,
입맛이 있는지, 학교에 가기 싫은 것은 아닌지?

③ 학교에서 급식은 먹는지 안 먹는지,
먹는다면 무엇을 얼마나 먹는지?

④ 선생님이나 친구들과 관계는 어떠한지?

⑤ 방과 후 간식은 누구와 무엇을 먹는지?

⑥ 표정이나 말투가 수시로 변하는지?

⑦ 발끝부터 머리끝까지 통증은 없는지?

⑧ 소화나 배변은 잘되는지, 피부 트러블은 없는지?

⑨ 자기 전에 어떤 행동을 하는지,
잠드는 데 오래 걸리는지?

⑩ 잘 때 많이 뒤척이는지, 웅크리고 자는지,
엎드리고 자는지, 꿈을 많이 꾸는지?

아이들의 성향에 따라 몸을 사용하는 정도, 빈도, 강도 등이
다를 수 있기에 아이들이 왜 그러는지, 무슨 사연이 있는지,
그래서 어떻게 도와줘야 하는지 부모로서 살펴보고
도움의 손길을 내밀어 키성장력을 높여 보아요!

성장 클리닉을 방문하기 전에
아이와 대화를 먼저 해보세요.
내 아이를 잘 파악하는 것이
키성장의 시작입니다.

6장

키 성장력을 높이는 몸 근력 키우기

체력이
키를 좌우한다

우리 아이 이대로 두어도 정말 괜찮을까요? 아이를 바라보고 있는 부모라면 항상 고민이 많습니다.

STORY → 강남에 사는 초등학교 3학년 아이 엄마 A씨, 아이가 공부할 때 자세가 구부정해 종종 똑바로 앉으라고 잔소리를 하지만 잘 고쳐지지 않습니다.

STORY → 마포에 사는 초등학교 2학년 아이 엄마 B씨, 최근 딸아이가 숙제하느라 늦게 자고 앉아 있는 시간이 많아지면서 비만과 성조숙증이 걱정됩니다.

STORY → 김포에 사는 초등학교 1학년 아이 아빠 C씨, 평소 아들의 걸음걸이가 불안정해 걱정이었는데 친구들과 축구를 하다가 자기 발에 걸려 넘어져 우는 것을 보니 속상합니다.

STORY → 부천에 사는 초등학교 6학년 아이 엄마 D씨, 키가 너무 작고 왜소해 체력도 약하고 중학교 가면 또래 친구들에게 치이지는 않을까 걱정되어 많이 먹였더니 키는 안 크고 배만 나옵니다.

아무리 생각해봐도 키성장과 자세 교정을 동시에 잡아주는 것은 운동밖에 없습니다. 하지만 대부분의 부모들은 무엇을 어떻게 해야 할지 막막한 상황입니다.

과학 저널리스트인 캐럴라인 윌리엄스는 그의 저서 <움직이는 뇌과학>에서 사람이 근력운동을 통해 강한 근력을 갖게 되면 근골격계에서는 '할 수 있다'는 신호를 일상에서도 계속해서 뇌에 전달한다고 강조합니다. 근력운동을 통해 체중을 지지하는 근육과 힘줄, 뼈와 인대를 강화하면 자신감 있는 자세와 행동이 표출된다는 것이지요. 그러한 행동은 다시 정신에 영향을 미치고 정신과 신체의 순환 회로에 긍정적인 신호를 주어 자존감을 높여줍니다.

반면 부정적인 신호는 악순환을 가져오고 불안감을 키우며 자존감을 떨어뜨립니다. 부모로서 우리 아이들이 '할 수 있다 vs 할 수 없다' 중에서 어떻게 생각하고 행동하기를 바라시나요? 강한 신체에서 나오는 무의식적인 긍정의 메시지는 우리가 운동할 때는 물론이고 일상에서도 생각과 행동에 많은 영향을 끼친다는 것을 말해줍니다.

건강한 신체와 정신의 토대는 어릴 때부터 만들어집니다. 유·아동기는 건강과 신체적, 정신적, 사회적, 감정적 발달에 매우 중요한 시기입니다. 간혹 신체 발달이 지연된 남자아이나 신체 발달이 너무 이른 여자아이의 경우에 정서적 스트레스를 겪기도 합니다. 자녀의 건강과 삶의 질*Quality Of Life, QOL*이 높기를 바라지 않는 부모는 없을 것입니다. 그런데 운동을 빼고 건강과 높은 삶의 질을 논할 수 있을까요?

필자가 박사 과정에 있을 때 운동 분야에서 센세이션을 일으킨 <운동화 신은 뇌*Spark your brain*>(존 레이티, 2009, 북섬)라는 유명한 책이 있습니다. 목차의 첫 제목이 부모들이 솔깃해할 만한 '0교시 체육 수업의 놀라운 효과'예요. 실제로 0교시 수업으로 체육 시간을 배치한 미국 네이퍼빌 센트럴 고등학교의 실험은 학업 성취도에서 눈부신 향상을 나타내며 운동이 청소년기 뇌 발달에 어떤 효과를 주는지 널리 알렸습니다.

<운동화 신은 뇌>에서는 마라톤 선수들이 운동을 그만둔 뒤로 우울증에 시달린다는 사실에 주목해 운동을 중단한다는 것은 효험을 보던 약물을 중단하는 것이나 다름없다고 했습니다. 이때부터 운동이 우울증은 물론이고 불안, 중독, ADHD, 강박 등의 치료에도 효과적이고, 반대로 앉아 있는 시간이 많은 생활습관은 뇌의 신경 전달 물질을 운동부족이 가로막아 뇌 손상을 야기한다고 했습니다.

실제로 운동을 좋아하지 않는 아이들이 고학년이 될수록 자존감이 낮아지고 사회성이 감소하는 경향을 보입니다. 공부는 잘하지만 점점 자신감이 떨어지고 몸을 더욱더 안 움직이다 보니 운동을 더 못하게 되고 비만 또는 저성장으로 연결되는 경우도 발생합니다.

심리학자 마커스 스코트니Marcus Scotney는 움직이는 방향이 생각에 영향을 미친다는 점을 발견했습니다. 우리가 물리적으로 앞으로 나아갈 때는 과거와 점점 멀어지는 것이지요. 앞으로 나아가는 움직임은 미래에 관한 생각을 고취하고 뒤로 가는 움직임은 과거의 기억을 되살립니다. 우리 아이들이 앞으로 달리고 걷고 힘차게 운동함으로써 공부하며 힘들었던 과거(?)는 잊고 건강하고 활기찬 미래만 꿈꾸게 하면 어떨까요?

어린 시기에 몸을 얼마나 사용했는지가 아이들의 체격과 체력을 만들어주고 평생 건강에도 영향을 미칩니다. 건강한 신체를 가진 아이들은 자신의 신체 이미지에 자신감을 갖고 정서적으로도 안정감을 느끼지요. '엄마들을 위한 아들 사용 설명서'란 부제가 붙은 책 <아들의 뇌>(곽윤정, 2023, 포레스트북스)에서는 운동부족으로 인해 비만뿐만 아니라 자신감과 자아상에도 부정적인 영향을 미친다고 했습니다.

살이 찌면 친구들처럼 날렵하게 움직이지 못해 자신감이 떨어지고 자신의 신체 이미지에 대한 부정적인 생각으로 이어지는 것이지요. 점점 자신의 모습을 부끄럽게 생각하면서 밖에서는 자신의 모습을 드러내지 않으니 운동과 점점 멀어지고 비만이나 성조숙증뿐만 아니라 성장, 정서, 학습에도 악영향을 미칠 수 있습니다.

운동과 키성장의 상관관계

성장기의 운동은 성장 호르몬 분비 상승, 성장판 자극, 뼈에 칼슘 침착, 근육과 인대 성장, 체중 조절, 비만 해소, 성숙 억제, 혈당 조절, 숙면, 체력 향상, 자세 개선, 스트레스 완화 등 만병 통치약에 가까운 역할을 합니다. 문제는 아이마다 어떤 운동을 하고 어떠한 생활습관을 가지고 있는지에 따라 결과가 다르다는 것입니다. 다음 장의 네 가지 유형의 아이들을 예로 들어보겠습니다.

주 5회 태권도를 다니는데 1년에 10kg씩 찌는 아이

"매일 운동한다고 생각했는데 지내고 보니 아이가 살이 너무 쪘고, 살이 키로 갈 줄 알았는데 생각보다 키가 안 자라 고민이 많습니다. 많이 먹고 많이 운동하면 키가 클 줄 알았는데 왜 안 크는지 난감하기만 합니다. 어느 날 태권도장에 갔더니 아이가 운동은 안 하고 줄만 서 있는 것을 보게 되었습니다. '생각보다 운동량이 많지 않았구나' 하고 뒤늦게 깨달았습니다. 초등학교 1학년 때부터 5년째 다니다 보니 그냥 습관적으로 왔다 갔다 했다는 생각이 들었습니다. 열심히 운동하고 돌아와서 간식을 찾는 줄 알았는데 식욕만 늘었고 왜 살이 쪘는지 이제야 알 것 같습니다."

운동으로 100kcal 소모하고 200kcal 더 먹는 경우가 많죠? '운동했으니까 괜찮아' 또는 '운동할 거니까 먹어도 돼' 하면서요. 우리 몸은 과학입니다. 특히 아이들이 간식으로 먹는 음식은 대부분 탄수화물이 많습니다. 음료수, 과자, 빵, 아이스크림 등이요. 운동 직후 탄수화물 간식 대신 양질의 단백질과 비타민, 무기질을 먹게 해주는 것이 좋습니다. 또 운동 간다고 안심하지 말고 틈틈이 운동을 제대로 하고 있는지, 간식 양은 적절한지 등을 체크하는 것이 필요합니다.

체지방의 증가는 여성 호르몬을 높여 여자아이는 성소숙증이 발생하고 뼈나이를 빨라지게 하며, 남자아이는 여성형 가슴이 발달하고 고학년이 되어도 음모나 변성 등이 나타나지 않아 급성장이 두드러지지 않는 경우가 많습니다. 주로 초등 5~6학년 아이들의 경우 학습량이 늘어나 운동량은 줄어들고 섭취량은 많아지면서 체중 급증에 비해 키가 잘 안 커서 많이들 고민합니다. 2차 성징의 발현은 없다 보니 부모들이 계속 아기 취급하곤 하는데 체중 관리를 통해 급성장기가 제대로 나타날 수 있도록 관리해주는 것이 좋습니다.

주 3회 수영, 주 2회 축구를 하는데 1년에 몸무게 1kg도 안 느는 아이

"수영은 6세 때부터 4년째 하고 있어 이제는 마스터즈반 수준입니다. 추가로 축구를 하고 싶다고 해서 주 2회 나가고 있는데 아이는 매번 즐거워하지만 체중이 늘지 않아 고민입니다. 운동을 잘하고 너무 좋아하는데 입이 짧아 그런지 뭐든지 잘 먹어도 운동량에 비해 키가 너무 안 커서 걱정입니다."

운동 선수가 운동을 쉬면 잘 큰다는 말이 있죠? 운동을 너무 많이 해도 피로 해소가 충분히 안 되어 오히려 성장을 방해하는 경우가 있습니다. 1년이 지나도 1kg 이상 늘어나지 않는다면 운동량을 줄이거나 섭취량 또는 수면량을 늘려 빠른 회복에 초점을 맞춰야 합니다. 단순하게 '운동하면 키가 큰다'라고 말할 수 없는 아이에 해당한다고 볼 수 있습니다. 성장 호르몬은 피로 해소에도 관여합니다. 피곤하거나 아프면 성장 호르몬은 키성장에 쓰이지 못하고 피로를 해소하거나 아픈 몸을 회복하는 데 먼저 쓰입니다. 아무리 키성장에 운동이 좋다고 해도 몸이 아프면 키가 크지 않는다는 것을 명심하세요.

축구를 하다가 키가 잘 안 커서 농구로 바꿨는데도 잘 안 자라는 아이

"초등학교 저학년 때부터 축구를 계속했는데 영 키가 안 자라는 것 같아 점프 동작이 있는 농구가 키성장에 도움이 될까 싶어 바꿨습니다. 그런데 어느새 고학년이 되어 주 1회 농구 교실을 다니고 있는데 자꾸 발목을 삐고 손가락을 다쳐 계속해야 하나 고민이 많습니다."

강남의 한 농구 교실은 회원이 1000명이 넘는다고 합니다. 그 동네 거의 모든 초등학생 남자아이들이 주 1회 농구 교실을 다닌다고 생각하면 됩니다. 부모들은 '아이가 운동하고 있다. 그러니 살도 빠지고 키도 크고 체력도 좋아질 것이다' 또는 '학원 스케줄을 잡고 나면 주 1회 딱 반나절 시간이 남는데 친구들과 어울리는 시간도 필요해 사교 활동의 목적으로 농구를 하고 있다'라고 말합니다. 그럴 때마다 '영어 학원 주 1회 3년 다니고 그 시간 외에 영어를 전혀 쓰지 않는다고 가정할 때 영어가 늘까요? 어떤 기대 효과가 있을까요? 운동도 마찬가지입니다' 하고 대답합니다. 운동으로 키가 크려면 운동의 양과 강도가 일정 수준 이상이어야 해요. 움직임*Movement* 또는 활동*Activity*과 운동*Exercise*은 엄연히 다른 개념입니다.

운동이 키성장에 도움이 되고 체지방 분해와 성숙 억제의 효과까지 얻기를 원한다면 일주일에 최소 주 2~3회 이상 한 번에 60~90분 이상의 운동을 중강도 이상으로 해주어야 합니다. '잘 먹이고 운동하고 있으니까 크겠지~'라고 생각했는데 그것이 성장판을 지속적으로 자극할 정도인지, 그것이 성장 호르몬의 분비를 얼마나 높이는 정도인지, 그것이 섭취한 음식들을 분해하고 혈당을 낮출 만큼의 수준인지 다시 한번 생각해봐야 합니다.

게임이나 책만 좋아하고 운동을 싫어하는 아이

"아이가 타고나길 정적이고 운동을 너무 싫어하는데 키도 잘 안 크는 것 같고 체력도 떨어져 조금만 걸어도 힘들어합니다. 무슨 운동을 보내도 한 달 이상 다니려 하지 않아 고민입니다. 키도 크고 자세도 반듯하게 잡아주기 위해 엄마가 다니는 필라테스에 보내볼까, 아빠가 다니는 헬스장에 보내볼까 고민 중이지만 아이가 열심히 하지 않을 것을 알기에 망설여집니다. 밤마다 줄넘기는 억지로 500개씩 하는데 발목이 아프다, 무릎이 아프다 핑계가 많아 걱정이에요."

부모는 '아이가 밤마다 줄넘기를 하고 가끔 자전거도 타고 배드민턴도 치는데, 운동을 안 하는 건 아닌데 왜 키가 안 커요?' 하고 묻습니다. 이 운동 시간 모두 합하면 일주일에 약 2시간 정도 되는데 이 시간을 제외하고 나머지 시간에는 정말 계속 앉아 있을 것입니다. 운동 양이 적은 것도 문제이지만 너무 많은 시간을 엉덩이 붙이고 앉아만 있는 생활이 더 문제예요. 운동을 싫어하는 아이들에게는 아주 쉬운 실내 자전거 타기, 매트에 앉거나 누워서 할 수 있는 쉬운 운동, 단순한 운동부터 시작해 세트 수를 늘려가거나 유튜브에 나오는 재미있는 소도구를 이용한 운동 등을 따라 하는 것도 좋습니다. (톨앤핏 보수볼 운동, 밸런스쿠션 운동, 필라테스링 운동 등 참고)

우리 아이 운동
어떻게
시켜야 할까요?

그럼 지금부터 내 아이에게 어떤 운동을 어떻게 시켜야 할까요? 운동을 시작할 때 첫 번째로 고려해야 할 사항은 '아이의 현재 운동 능력'입니다. 운동을 거의 해본 적이 없는 경우, 운동을 좋아하지는 않지만 조금씩 해온 경우, 운동을 좋아하고 규칙적으로 해온 경우 등 크게 세 가지로 나눌 수 있습니다.

❶ 운동 자체를 거의 해본 적이 없는 아이

 단체 운동보다는 개인 운동을 추천합니다. 예를 들면 자전거 배우기, 소그룹 수영이나 발레, 톨앤핏의 어린이 자세 교정이나 PT 프로그램 등을 시작하면 좋아요. 가정에서도 부모가 관심을 갖고 스트레칭, 산책 등을 같이 하며 운동의 즐거움을 맛볼 수 있도록 도와주어야 해요. 초등학교 저학년이 되도록 아이가 아무 운동도 안 하는 것을 보면 부모도 정적인 성향의 경우가 많습니다. 건강한 아이로 키우려면 부모도 같이 움직여야 해요.

❷ 운동을 좋아하지는 않지만 조금씩 해온 아이

단체 수업도 좋으나 아이가 운동에 흥미가 없기 때문에 운동을 가도 들러리만

서고 올 가능성이 높습니다. 많은 부모들이 '태권도장에 가서 보니 뒤에서 그냥 서 있더라', '축구 교실에 보냈더니 공이 앞에 와도 뛰질 않더라' 등의 이야기를 해요. 따라서 '운동하고 있으니 걱정하지 않아도 되겠지'가 아니라 부모가 관심을 갖고 담당 선생님에게 아이가 적극적으로 운동에 참여하고 있는지 지속적으로 소통하며 확인해야 합니다.

❸ 운동을 좋아하고 규칙적으로 해온 아이

같은 운동을 하더라도 점진적으로 강도가 올라가고 있는지, 그래서 그것이 어떤 효과를 가져오고 있는지 확인할 필요가 있어요. 어떤 부모는 5년간 태권도를 주 5회 빠짐없이 보냈기에 운동은 부족함이 없다고 생각할 수 있습니다. 하지만 지나고 보니 키가 큰 것도, 살이 빠진 것도, 자세가 좋아진 것도 아니라는 생각이 든다면 그 운동이 너무 오래되어 숨쉬기와 같은 일상적인 루틴이 되어버린 것은 아닌지 고민해야 합니다.

아이가 운동을 계속하는데 1년에 체중이 5kg 이상 지속적으로 늘고 있지는 않는지, 유연성이 없어 운동 동작이 정확히 안 나오는데 그냥 왔다 갔다 하는 것은 아닌지 등 운동 효과를 제대로 보고 있는지에 대한 점검이 필요합니다.

운동 선택 시 두 번째 고려 사항은 '운동이 아이의 신장과 체중의 변화에 어떠한 영향을 미치는지'입니다. 아이가 사춘기 이전이라면 여자아이는 1년에 약 6~7cm 성장에 2~3kg 증가, 남자아이는 약 6~7cm 성장에 3~4kg 증가가 적정 수준입니다.

간혹 입이 짧은데 승부욕, 경쟁심이 강해 지나치게 고강도 운동을 하는 아이들이 있습니다. 이런 경우 1년에 1kg도 늘지 않고 수면의 질도 낮은데 의욕만 앞서 몸의 피로를 충분히 해소하지 못해 결과적으로 키성장을 방해할 수 있어요. 축구 2시간씩 주 2~3회 이상, 수영 주 3회 이상, 또는 하루도 쉬지 않고 다양한 운동을 복합적으로 하는 경우는 자제를 당부해야 합니다. 그러나 아이들은 힘들다는 말을 하지 않으니 부모가 조절해줘야 해요.

반대로 해마다 체중이 5kg씩 늘었지만 키도 계속 5cm씩 크다 보니 통통하다는 생각을 못하다가 학교 건강검진에서 과체중 또는 경도 비만이라고 나와 놀라는 부모를 종종 봅니다. 살이 쪄도 키가 커서 속기 딱 좋은데 막상 측정해보면 생각보다 키는 많이 안 크고 체중만 늘어 있는 경우가 많으니 주의해야 합니다. 항상 증가는 Ok, 급증은 No라고 이야기하고 있어요. 체지방의 급증은 성호르몬의 순간적인 상승을 유발하므로 성조숙증이 걱정되는 부모라면 특히 체중과 체지방의 급증을 조심해야 합니다.

운동 선택 시 세 번째 고려 사항은 '지속력'입니다. 처음 시작할 때에는 아이에게 몸을 움직이면 건강하고 재미도 있다는 사실을 몸소 체험하게 하는 것만으로도 충분해요. 그러나 운동의 효과를 보기 위해서는 규칙적이고 지속적이어야 합니다. 다양한 시도를 통해 어떤 움직임이 자신의 몸에 적합한지, 스스로 몸을 제어할 수 있는 느낌과 행복감을 주는지 경험하게 해주고 학년이 올라가도 꾸준히 지속할 수 있는 체력과 상황을 만들어주는 것이 필요해요. 뭐든지 꾸준히 학습하고 지속해 진짜로 내 것을 만들지 못한다면 사실상 그것은 아무짝에도 쓸모가 없어요.

키성장만큼이나
중요한
올바른 자세

공부와 키성장만큼이나 부모들의 관심은 바로 바른 자세입니다. 책상 앞에 앉아 공부하는 자세가 너무 안 좋거나 불안정한 걸음걸이를 보고 많이들 걱정하지만 사실 부모로서 할 수 있는 것이 잔소리 말고는 별로 없지요. 턱 괴지 마라, 짝다리 짚지 마라, 다리 꼬지 마라, 똑바로 앉아라, 허리 펴라, 기대지 마라 등등… 그런데 아이들도 부모의 잔소리를 하도 많이 들어서 별 긴장감이 없습니다.

● 중학교에 입학한 아들, 사춘기가 와서 안 먹고 안 움직이고 방에서 게임만 하는데 걸을 때 보면 구부정해 꼭 좀비 같다는 생각을 합니다. 요즘 아이들이 다 그렇다지만 아빠 입장에선 아이가 방에서 나와 운동도 좀 하고 게임은 좀 줄이고 거북목도 좀 고쳐주고 싶은데 어떻게 해야 할까요?

● 초등학교 4학년 딸아이, 초경 전 폭풍 성장을 하는지 최근 키가 10cm 이상 부쩍 자랐어요. 그런데 걱정이 생겼습니다. 바로 척추측만증이에요. 갑자기 키가 커서 휘어버린 걸까요? 가족이 다 마른 편이라 그냥 날씬하고 예쁘다고만 생각했는데 폭풍 성장을 하면서 근육이 없어서 그런지 유난히 더 휘어 보이고, 아이도 요즘 허리 아프다는 이야기를 자주 합니다.

● 초등학교 3학년인 통통한 아들, 라면을 비롯해 우동, 파스타, 짜장면 등 면이라면 무조건 다 좋아하더니 학습량이 많아지고 앉아 있는 시간이 늘어나면서 최근 살이 급격히 쪘습니다. 유난히 가슴이 많이 나와 아이가 부끄러운지 자꾸 가슴을 움츠리고 양손을 허벅지 앞으로 모으는 습관도 생겼어요. 살이 갑자기 찐 데다 굽은 등이 도드라져 자신감 없어 보이는 모습을 고쳐주고 싶은데… 운동을 좋아하지 않고 그나마 다니던 수영도 남들 앞에서 옷을 벗는 것이 부끄럽다고 안 다니려 하는데 무슨 운동을 시키면 좋을까요?

● 공부할 때 자세가 안 좋은 아들, 자꾸 책상보다는 바닥에 엎드리거나 소파에 기대어 책을 보는데 그 자세가 편한지 아무리 잔소리를 해도 소용이 없습니다. 가족사진을 찍는데 사진사가 둘째 아들에게만 자꾸 고개를 똑바로 들라고 해서 심각성을 더욱 인지하게 되었어요. 밥을 먹을 때에도 꼭 왼쪽 팔을 괴고 삐딱하게 앉아 볼 때마다 잔소리를 합니다.

● 여섯 살 딸아이, 서 있을 때 배를 앞으로 너무 내밀어 걱정입니다. 처음에는 힙업이 되어 오리궁둥이 같은 모습이 귀엽다고 생각했는데 살이 찌면서 점점 배를 앞으로 내밀더니 이제는 살짝 뒤뚱거리며 걷기 시작해 큰일입니다. 배 때문인지, 다리 때문인지 달리기도 잘 안 되어 학교에 입학하면 친구들에게 놀림을 받을까 싶어 살도 빼고 걸음걸이도 고쳐주고 싶습니다.

키성장력을 높이기 위한 올바른 운동법

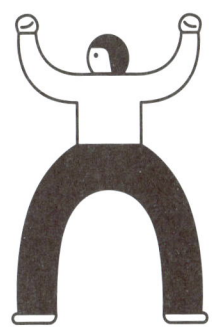

❶ 거북목과 굽은 등

어릴 때부터 학습이 강조되는 요즘, 부모들의 가장 심각한 고민은 거북목과 굽은 등이에요. 말 그대로 과사용Overuse! 공부하느라 같은 자세로 오래 앉아 있는데 어떻게 문제가 발생하지 않을 수 있겠어요? 어른들도 반복되는 작업으로 인해 직업병이라는 것이 생기듯 아이들에게도 거북목과 굽은 등은 학생병 같은 것이에요. 이를 방치하면 어깨 통증이나 두통의 원인이 되며 동시에 키성장에도 영향을 미치기 때문에 초등학교 저학년 때부터 빨리 잡아주는 것이 중요합니다.

보통 거북목과 굽은 등은 동반되어 나타납니다. 등이 곧게 펴지면 고개만 앞으로 뺄 수는 없어요. 등이 굽은 상태여서 거북목이 되는 거지요. 결국 등을 곧게 펴는 근력이 있어야 목을 앞으로 빼지 않기 때문에 목 뒤의 근육을 강화하는 것과 동시에 등 근육을 강화해 경추와 흉추를 바로 세우는 것이 거북목과 굽은 등 교정 운동의 핵심입니다.

그리고 굽은 등은 어깨 말림Rounded Shoulder을 동반하는데 어깨가 말리는 이유는 소흉근이 수축하기 때문이에요. 이 소흉근은 날개뼈를 앞쪽과 아래쪽으로 잡아당기는 역할을 해서 이것이 수축하면 몸을 웅크리는 자세가 되는 것이지요. 따라서 이 소흉근 스트레칭이 굽은 등 개선에 도움이 됩니다.

● 거북목 교정 운동

① **턱 당기기** 수건을 이용해 팔은 앞으로 당기면서 머리는 그대로 버틴다. 10초씩 6회

② **벽 기대고 'W' 운동** 벽에 기대어 W 자세로 서서 턱은 당기고 머리와 등 전부를 벽에 댄 채 유지한다. 10초 유지하고 6회 반복 후 팔을 좀 더 아래로 내려 자세가 무너지지 않는 범위에서 버틴다. 10초씩 6회

● 굽은 등 교정 운동

① **흉추 스트레칭(폼 롤러)** 머리 힘을 빼고 팔로 머리를 받친 다음 양쪽 팔을 벌리고 폼 롤러를 이용해 천천히 뒤로 기대면서 척추의 만곡을 유지한다.
10초씩 10회

② **전거근 스트레칭(의자)** 의자에 팔꿈치를 대고 팔꿈치가 벌어지지 않은 상태로 가슴은 밑으로, 엉덩이는 후하방으로 이동하면서 쭉 늘인다.
15초씩 10회

❷ 척추전만증

또, 어린아이들에게 많이 나타나는 척추전만증Lordosis은 몸의 무게중심의 위치가 앞으로 쏠리거나 복부 비만으로 인해 복부의 하중이 커지면서 고관절에 과도한 힘이 가해지기 때문에 발생합니다. 이런 경우 본능적으로 상체를 뒤로 젖히는 자세를 취하게 되는데 이 자세가 바로 과도한 허리뼈의 전만곡을 만들어내는 것이지요.

어릴 때 소아비만을 방치하면 척추전만과 뒤뚱거림으로 인해 운동 수행 능력이 낮아져 운동으로 인한 효과를 보기 힘들고 체중 감량이 잘 안 되니 그 부하로 인해 관절에 무리가 갈 수 있어요. 따라서 군것질을 줄여 식사와 식사 사이에 공복을 유지하는 습관을 들이고 척추전만을 개선하는 운동을 꾸준히 실천하는 것이 필요합니다.

● 척추전만 교정 운동

① **고양이 자세** 시선은 배꼽을 바라보며 등을 위로 늘인다. 10초 유지하고 반대로 고개를 젖히면서 등을 아래로 누르면서 늘인다. 10초씩 10회

② **레그 레이즈** Leg Raise 다리를 쭉 편 상태에서 위로 올렸다 내렸다를 반복하는데 중요한 것은 허리는 바닥에 붙이면서 자세를 유지한다. 3초씩 10회 3세트

❸ 척추측만증

1년에 키가 5~6cm 자랄 때와 10cm 자랄 때 언제 더 척추가 휘기 쉬울까요? 또 근육이 많은 사람과 없는 사람 중 누가 더 척추가 휠까요? 결국 빠른 속도로 성장하는 아이, 뼈를 잡아줄 근육이 없고 근력이 약한 아이들이 척추측만증에 더욱 취약합니다.

한 여자 연예인이 아이를 데리고 방문했어요. 부모가 다 크고 아이도 키가 작지 않은데 왜 왔느냐고 물었더니 엄마가 키가 170cm인데 한참 성장기 때 계속 앉아 있었더니 척추측만이 너무 심해 평생을 고생했다면서 아이는 예방 차원에서 미리 데리고 왔다고 합니다. 성장 속도가 빠르고 근력이 약하면 척추측만은 예견된 일일 수 있습니다. 사춘기 급성장기가 오기 전에 좌우 어깨 높낮이, 좌우 골반 높낮이가 다르지는 않는지 관찰하고 꾸준히 운동해 급성장기 때 척추측만이 발생하지 않도록 예방하는 것이 중요합니다.

● 척추측만 교정 운동

① **슈퍼맨**Superman **운동** 바닥에 엎드린 상태에서 팔다리를 교차해 위로 서서히 들어올린다. 몸통이 한쪽으로 치우치지 않도록 유지하면서 자세를 고정한다. 좌우 교대로 5초씩 10회 3세트

② **데드 버그**Dead Bug 팔은 바닥과 수직으로 세우고 발은 90도로 만들어 팔과 다리를 대각선으로 펴준다. 팔다리를 일자로 유지하면서 고정하는 팔다리도 벗어나지 않도록 유지한다. 5초씩 10회 3세트

❹ 불안정한 보행 자세

요즘 아이들은 서 있을 때, 걸을 때, 운동할 때 어디에 힘을 주어야 하는지 잘 모르는 경우가 대부분입니다. 부모들의 표현을 빌리자면 '우리 아이가 몸을 쓸 줄 잘 모른다?'고 말합니다. 많이 걸어본 적이 없어서 발목이 약하고 무릎을 곧게 펴지 못해 엉거주춤하게 서 있거나 보행이나 달리기가 불안정한 경우를 보고 부모들은 그렇게 많이 느끼곤 합니다. 안짱걸음이 심해 스스로 자기 발에 걸려 넘어지기도 하고 팔자걸음이 심해 느릿느릿 부자연스럽게 걷기도 하는 모습을 보고 걱정이 많습니다. 결국 성장을 할 때 뼈가 자라면서 근육이 함께 자라줘야 하는데 워낙 움직임이 적다 보니 근육이 발달할 기회가 거의 없어 뼈의 성장을 도와주지 못하는 것이 문제입니다.

발의 아치는 체중을 지탱하며 좌우로 분산해주고 안정적인 구조를 이룰 수 있도록 도와주는 역할을 합니다. 만일 발바닥 아치가 무너졌다면 착지할 때 몸의 하중을 분산시키지 못해 관절에 무리를 주게 되고, 결국 신체의 정렬을 무너뜨려 다른 근육들이 과사용되면서 체형의 불균형과 심한 경우 통증을 유발할 수 있습니다.

아이들에게서 많이 보이는 까치발 보행이란 무엇일까요? 층간 소음에 민감한 아파트에 살면서 '조용히 걸어라, 뒤꿈치 들고 걸어라' 하는 경우가 많은데 이처럼 뒤꿈치를 들고 걷는 형태를 말합니다. 앞서 말한 바와 같이 보행은 뒤꿈치가 먼저 닿고 발바닥 그리고 발가락이 순서로 닿아야 하는데 뒤꿈치를 들고 걷는 까치발 보행은 종아리 근육과 아킬레스건이 짧아지고 쪼그려 앉기가 잘 안 되는 특징을 갖고 있어 보행 시 뒤꿈치가 먼저 닿지 않는 특징이 있습니다. 또한 계단을 오르내리거나 균형을 잡아야 할 때 발목 주변 근육이 짧아 어려움을 겪기도 하므로 발목과 종아리 스트레칭을 많이 해주는 것이 필요합니다.

휜 다리에는 크게 O다리(내반슬)와 X다리(외반슬)가 있어요. O다리는 곧게 정면을 보고 섰을 때 발목은 붙고 무릎은 떨어지는 경우를 말하고, X다리는 반대로 무릎은 붙고 발목이 떨어지는 경우를 말합니다. 발이나 무릎과 무릎 사이를 억지로 붙이려 하면 안 되고 자연스럽게 섰을 때 모습을 말하는 것입니다. O다리는 주로 근육량이 적고 마른 아이들에게서 많이 발생하며 걸어가는 뒷모습을 보면 발견하기 쉽습니다. 다리를 꼬거나 바닥에 양반다리를 하고 앉는 자세가 O다리를 더욱 악화시킬 수 있으므로 항상 의자에 앉는 습관이 좋습니다. X다리는 허벅지와 엉덩이가 커지며 골반에서 무릎으로 들어오는 Q앵글이 커지는 비만 아이들에게서 주로 많이 발생합니다. 부모들은 보통 아이가 청바지 같은 뻣뻣한 옷을 싫어하고 엉덩이에 바지가 자꾸 끼는 것을 보고 많이 인지합니다. 무릎이 붙어 그 사이가 쓸리기도 하고 달리기하는 것을 방해해 운동 능력을 저하시키는 원인이 될 수 있으며 줄넘기와 같은 점프 동작 시 무릎에 과도한 부담을 주기 때문에 부상에 주의해야 합니다.

● X다리 교정 운동

① **대퇴내전근 스트레칭(폼 롤러)** 허벅지 안쪽에 폼 롤러를 위치시켜 내전근을 풀어준다. 이때 체중을 폼 롤러에 최대한 누르고 폼 롤러를 굴리며 풀어준다. 좌우 각각 15초씩 20회

② **누워서 무릎 굽혀 다리 벌리기(루프 밴드)** 다리를 어깨보다 넓게 벌리고 발목을 고정한 상태에서 발 위치까지 양쪽 무릎을 벌린다. 5초씩 10회 3세트

③ **사이드 스텝(루프 밴드)** 11자로 무릎은 살짝 구부리고 허리는 세우며 골반은 고정한다. 몸의 흔들림을 최소화하면서 좌우로 천천히 밴드의 저항이 느껴질 만큼의 보폭으로 걷는다. 좌우 왕복 10회 3세트

● O다리 교정 운동

① **대퇴내전근 스트레칭** 벽에 등을 붙이고 양쪽 발바닥을 맞붙여 몸 쪽으로 최대한 끌고 온다. 내전근의 긴장이 높다면 양 무릎이 많이 올라가게 된다. 양쪽 손바닥으로 무릎은 지그시 눌러주면서 자세를 유지한다. 15초씩 20회

② **누워서 무릎 굽혀 다리 들기(탄성 있는 볼이나 쿠션)** 양쪽 무릎 사이에 탄성 있는 공이나 쿠션을 끼우고 다리 위치도 공과 맞춰 11자로 유지한다. 공을 누르듯이 천천히 무릎을 모으고 발바닥을 지면에서 3~5cm 정도 띄운다. 이때 중요한 점은 허리가 바닥에서 뜨지 않도록 유지한 상태에서 자세를 진행한다. 5초씩 10회 3세트

 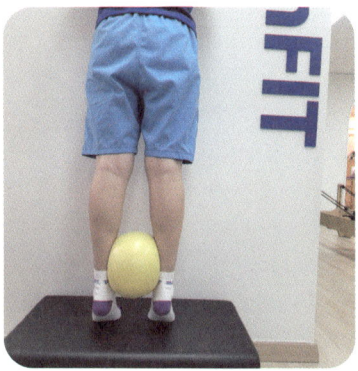

③ **카프 레이즈(탄성 있는 볼이나 쿠션)** 벽에 손을 대고 종아리 사이에 탄성 있는 볼이나 쿠션을 끼운다. 그 상태에서 발목이 벌어지거나 꺾이지 않도록 수직으로 발뒤꿈치를 들어준다. 엄지발가락을 축으로 힘을 준다고 생각하며 발목을 유지하면서 무릎이 정면을 향하도록 지속적으로 유지한다. 7초씩 10회 3세트

● 안짱걸음 교정 운동

① **4자 다리 스트레칭** 한쪽 다리는 굽히고 나머지 다리는 곧게 펴서 허벅지 안쪽을 스트레칭합니다. 자극이 약하면 뒤로 앉듯이 누르면서 강도를 높일 수 있습니다. 좌우 각각 10초씩 3세트

② **발목 외회전(루프 밴드)** 양쪽 발을 밴드가 늘어날 정도로 벌린다. 발목은 몸 쪽으로 당긴 상태에서 바깥 방향으로 돌려주며 밴드를 늘인다. 발목이 틀어진 상태에서 늘이지 않도록 신경 쓰면서 진행. 5초씩 10회 3세트

- **까치발 보행 교정 운동**

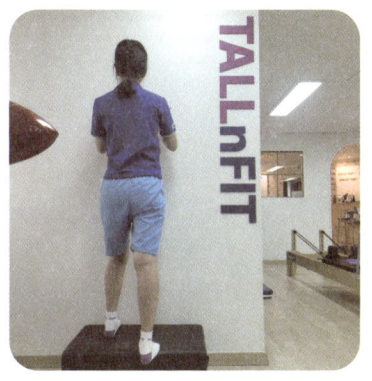 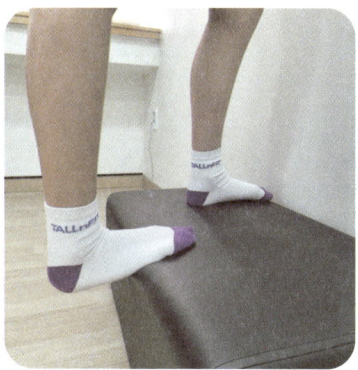

① **비복근 스트레칭(스텝 박스 또는 계단)** 벽에 손을 짚은 상태에서 늘이고자 하는 다리를 스텝 박스나 계단 끝에 앞꿈치만 걸쳐준다. 앞다리는 구부린 상태로 천천히 체중을 실으면서 뒷다리를 내려준다. 15초씩 10회

② **전경골근 강화 운동** 벽에 사선으로 기대어 다리를 곧게 뻗고 발을 11자로 만든 후 발목이 틀어지지 않게 자세를 유지하면서 발뒤꿈치를 올려준다. 5초씩 10회 3세트

성장기마다 필요한
최적의 운동법

❶ **미취학 아동기 운동**
   (6~7세)

이 시기는 보통 유연성이 좋아 관절의 가동 범위는 큰데 근력이 아직 부족하다 보니 골격을 잡아주는 힘이 약합니다. 6~7세 미취학 아이를 둔 부모들의 가장 큰 관심은 아이의 보행과 바른 자세입니다. 근력과 근지구력은 6세부터 서서히 증가하는데 아이가 어리다는 이유로 스트레칭만 해서는 골격을 바로 세울 수 없어요. 빠르게 걷거나 계단 오르기 등은 유산소 운동과 근력 운동을 동시에 할 수 있어서 좋습니다.

또 발목에 힘이 없어 발바닥이 무너지는 유연성 평발 또는 기능성 평발이 발생하는 경우가 많은 시기이므로 발목에 힘을 길러주는 축구, 달리기 등도 적합합니다. 여자아이들은 보통 이 시기에 체형 관리를 위해 발레나 리듬 체조를 많이 하는데 복근을 잡아주는 근력이 없는 상태에서 배만 앞으로 밀어주는 척추전만 형태 또는 무릎을 뒤로 과신전시키는 백니 *Back Knee* 형태로 운동을 하는 경우가 많아요. 따라서 다리와 복근의 힘이 생기는 것이 우선되어야 합니다.

우리 아이가 일주일 동안 얼마나 걸었는지 한번 생각해보세요. 요즘 아이들은 걷는 시간이 많지 않습니다. 그래서 다리와 발 그리고 복부와 허리에 기본적인 근력이 없는 상태에서 발레를 배우고 태권도를 다닙니다. 이런 상태에서 운동을 한다면, 올바른 자세와 효과를 얻을 수 있을까요? 부모와 함께 많이 걸으며 아이의 근력이 어느 정도 키워진 후에 운동을 하는 것이 좋습니다.

주의해야 할 점은 아이의 유연성이 낮은 경우 부상의 위험이 높고 동작이 제대로 나타나지 않기 때문에 스트레칭과 병행해야 합니다. 바닥에 앉아 다리를 쭉 뻗은 상태에서 양손으로 발끝을 잡지 못하거나 쪼그려 앉기를 했을 때 뒤꿈치가 들리거나 태권도 발차기 동작이 잘 안 되거나 할 때 대부분의 아이들은 아프다면서 운동하기 싫다고 할 거예요.

반면에 지나친 과활동과 운동으로 인해 근육이 과도하게 수축하는 경우도 있습니다. 승부욕, 경쟁심이 강해 2시간 동안 축구하고 와서 또 몸을 쉬지 않고 계속 움직이는 에너자이저 같은 아이들도 유연성이 낮은 경우가 많습니다. 유연성이 낮다는 것은 근육의 긴장도 Muscle Tension, 근육의 피로도 Muscle Stress가 높다는 의미이므로 긴 폼 롤러 위에 10분간 누워 있기, 따뜻한 물에 몸 풀기, 어둡게 숙면 취하기 등이 도움이 됩니다.

다음은 네 가지 서로 다른 유형의 아이들을 위한 운동 솔루션입니다.

① **근력도 좋고 유연성도 좋은 경우** 축구, 야구, 태권도 등 무슨 운동이든 좋습니다. 다만 성장에는 휴식도 매우 중요하니 하루 쉬고 하루 운동하게 해주세요.
② **근력은 좋은데 유연성이 낮은 경우** 릴랙스에 초점을 맞춰주세요. 몸을 이완하는 데 수영, 키즈 요가, 키즈 필라테스가 좋습니다. 만일 남자아이일 경우 발레도 추천합니다.
③ **근력은 낮은데 유연성은 좋은 경우** 강도 높은 운동을 찾아야 합니다. 단순 반복하는, 자신의 체중을 이용한 운동 Weight Bearing Exercise이 좋습니다. 철봉 매달리기, 버피 테스트, 경사가 낮은 산이나 계단 오르기, 축구 등을

추천합니다.
④ **근력도 낮고 유연성도 낮은 경우** 가동 범위가 낮아 운동 동작 수행에 어려움을 겪을 수 있으니 보수볼 위에서 중심 잡기, 쿠션에 기대어 윗몸 일으키기, 낮은 스텝 박스 오르내리기와 같은 비교적 쉬운 근력 운동부터 시작하고 폼롤러나 소도구를 이용한 스트레칭 등이 좋습니다. 또 앉은 상태에서 수건을 이용해 한쪽 발끝 당기기, 서서 의자에 한쪽 다리만 올리고 몸통 앞으로 숙이기 등 쉬운 자세로 응용해 운동을 포기하지 않도록 합니다. 이 경우 단체 운동 시에는 아이의 운동 효과가 낮아질 수 있으니 주의하셔야 합니다.

❷ **학령기 운동**
(여자아이 초등학교 1~2학년, 남자아이 초등학교 1~4학년)

초등학교에 입학하면 아이들이 종종 허리 통증을 호소하곤 합니다. 유치원과 달리 바른 자세로 앉아 장시간 수업을 들으니 긴장도 되고 근육의 좌우 불균형을 초래하며 수면의 질도 낮아져 키성장도 방해할 수 있어요. 몸은 사용한 후에는 반드시 회복해야 하는데 아침에 등교해 하루 종일 앉아 있다가 또 학원에 가서 계속 앉아 있으니 거북목, 굽은 어깨Rounded Shoulder, 어깨 높낮이 차이 등이 눈에 띄게 나타나기 시작합니다.

부모는 아이의 글씨 쓰는 자세, 밥 먹는 자세, 소파에 기대 앉은 자세 등을 보고 걱정만 할 게 아니라 수시로 올바른 자세를 유도해줘야 합니다. 운동은 남는 시간에 하는 것이 아니라 일부러 시간을 내서 해야 하고 성장기에 공부와 운동의 병행은 필수라고 생각해야 합니다. 성장기에 최소 주 3회 성장판을 확실히 자극해주는 강도의 운동은 필수입니다. 강도 있는 근력 운동은 근육 세포의 성장과 근력의 발달을 촉진시키고 성장 호르몬의 분비를 자극해 지방 분해와 단백질 합성은 물론이고 뼈와 성장판을 발달시킵니다.

또 이 시기에는 사회성 발달을 위해 개인 운동보다는 단체 운동을 통한 성장판 자극과 근력을 키우는 것이 좋습니다. 유니폼과 가드 등 장비의 무게를 얹어 스케이팅과 패스, 슈팅을 한꺼번에 할 수 있는 아이스하키도 좋습니다.

줄넘기나 농구도 좋은데 이때 주의할 점이 있습니다. 쿵쿵 뛰는 점프 동작 시 발목 염좌가 자주 발생하는데 비만으로 인한 X형 휜 다리나 안짱걸음, 팔자걸음 등 보행이 불안정한 경우 발목 통증을 호소하는 아이들이 많습니다. 또 골반에서 무릎과 발목으로 자극이 제대로 전달되지 않아 운동을 해도 효과가 잘 나타나지 않고 성장판도 제대로 자극되지 않아 적합하지 않습니다.

따라서 이 시기에는 체중이 여자아이는 1년에 약 2kg 정도, 남자아이는 약 3kg 정도 증가하는 것이 적절합니다. 주 3회 운동을 하는데도 1년에 체중이 5kg 이상 증가하고 있다면 운동이 제대로 이루어지지 않거나 섭취에 문제가 있으니 신장과 체중의 변화를 체크해가면서 운동하는 것이 무엇보다 중요합니다.

❸ 급성장기 운동
  (여자아이 초등학교 3~5학년, 남자아이 초등학교 5학년~중학교 1학년)

성장기 아이들의 몸은 2차 성징이 발현되는 시기와 그렇지 않은 시기로 나눌 수 있습니다. 여자아이의 경우 만 9세 생일 이후에 가슴 멍울이 발생하는 것이 정상적인 2차 성징의 발현이고, 대략 초등학교 3학년 2학기부터 급성장하는 것이 일반적입니다. 남자아이의 경우 만 10세 생일 이후에 고환 크기 증가가 시작되어 만 11~12세 전후에 음모와 변성이 발생하면서 초등학교 6학년 전후로 급성장하는 것이 일반적이에요. 성장기에 단순히 '점프 운동이 좋다', '스트레칭이 좋다'고 말하기보다는 남녀 각각 성숙의 진행을 고려해 신체가 어떻게 변하는지에 대한 이해를 갖고 내 아이에게 맞는 운동과 관리가 필요합니다.

여자아이의 경우 초경이라는 눈에 띄는 특별한 시기가 있습니다. 일반적으로 초경 전 약 1년 6개월에서 2년간 폭풍 성장을 해야 하는데, 너무 작은 키에서 초경이 시작되면 결국 키는 작을 수밖에 없습니다.

만 9세 생일이 되기 전에 가슴 발달과 급성장이 시작되는 것을 성조숙증이라 하는데 대표적인 원인이 운동부족, 영양 과잉, 체중 급증입니다. 체지방과 여성 호르몬은 비례하므로 체중과 체지방이 늘기 시작하면 운동량도 함께 늘어나야 합니다. 그러나 학년이 올라갈수록, 여성 호르몬이 높아질수록 여자아이들은 운동과 점점 멀어지게 됩니다.

1~2학년보다 3~4학년, 3~4학년보다 5~6학년 때 운동량이 많아져야 정상적인 성숙을 기대할 수 있습니다. 급성장기에 체중이 급증하면 초경이 빨라집니다. 초경 이후 키성장이 매우 빠르게 둔화되고 성장판이 닫혀가므로 초경 전 급성장이 큰 키의 비결이 됩니다. 즉 여자아이들은 여성 호르몬이 상승하기 시작하고 체지방 증가가 눈에 띄는 3~4학년 시기부터 체중 조절과 운동량 증가가 매우 중요합니다. 주 3회 이상은 반드시 운동을 해야 합니다.

보통 주 3회 강도 있는 전신 운동인 킥복싱, 다이어트 복싱, 필라테스를 하고 주 1회 정도 즐거움을 추구하는 또는 친구들과 함께 스트레스를 푸는 방송 댄스나 플라잉 요가를 추가로 병행하는 것을 추천합니다. 수영도 운동량을 충분히 줄 수 있다면 체지방 분해에는 탁월합니다.

수영 선수인 여자아이들이 선수 생활을 그만두면 바로 체중이 급증하며 초경을 하는 경우가 많습니다. 이처럼 여자 운동선수들이 운동량이 많고 체중이 잘 조절되어 초경이 평균보다 매우 늦어지는 사례는 수많은 운동과 초경 관련 연구에서 입증되었습니다. 그러나 수영이 끝나고 배고프다는 이유로 바로 과자, 음료수, 아이스크림 등 간식을 섭취해 체중이 계속 늘어나거나 이제 수영을 막 배우기 시작해 운동량이 적은 경우에는 해당하지 않습니다.

남자아이의 경우 음모의 발현과 변성이 나타나는 시기에 보통 눈에 띄게 급성장해야 합니다. 그런데 초등학교 6학년 또는 중학교에 입학했는데도 몸의

변화가 전혀 없는 남자아이들이 많아지고 있습니다. 남자아이들 중에서 운동을
좋아하지 않아 근육량이 매우 적고 체지방이 매우 높은 경우 혈액 검사를 해보면
남성 호르몬은 낮고 여성 호르몬이 높아 고환이나 음경이 커지는 것이 아니라
가슴이 커져 부모들 걱정이 이만저만이 아닙니다.

아이들도 중학교에 입학했는데 왜 나만 콧수염도 안 나고 털도 안 나고 여자
목소리가 나는지 심각한 고민에 빠지게 됩니다. 부모들은 아빠 닮아 늦게
크는 건가 하고 기다리다 결국에는 성장 클리닉에 찾아갑니다. 이러한 아이는
뼈나이가 빠르고 급성장 없이 지나갈 수 있으니 만 12세 전후에는 2차 성징이
나타나는지 관찰이 필요합니다. 왜 다른 집 아이들은 다 쑥쑥 크는데 우리
아이만 이러는 걸까요?

남자아이는 규칙적이고 균형 잡힌 식습관과 주 3회 주짓수, 합기도, 복싱 등
근육량 증가와 체지방 감량을 동시에 할 수 있는 중강도 이상의 운동을 꾸준히
하길 추천합니다. 학습이 어려워지고 급격하게 늘어나는 5학년 시기부터
체중이 느는 것이 눈에 띈다면 중학교 입학 전까지 운동으로 체중을 고정시키는
것만으로도 정상적인 호르몬 분비와 키성장에 도움이 될 수 있습니다.

뼈의 길이 성장은 근육의 길이 성장과 함께 이루어져야 합니다. 뼈가 길어지길
바라면서 뼈에 필요한 칼슘, 단백질, 비타민 D 등 재료만 넣어주고 뼈에 붙어
있는 인대와 근육의 길이 성장은 신경을 안 쓰지요.

1년에 약 5~6cm 클 때와 8~10cm 클 때 인대와 근육이 얼마나 더 늘어나야
뼈도 길이 성장을 하는 걸까 한번 상상해보세요. 급성장을 하는 사춘기 초기에는
일시적인 유연성의 감소가 일어나는데 많은 부모들이 '날 닮아 뻣뻣한 것 같은데
이건 유전 아닐까요' 하고 많이 물어봅니다.

운동부족과 특정 자세의 과사용 Overuse, 늦은 취침으로 인한 피로 누적, 낮은
수면의 질, 과긴장과 불안 등도 유연성에 영향을 미치지만 얼마든지 반복 훈련에

의해 좋아질 수 있습니다. 만일 고학년 남자아이가 급성장을 못하고 있다면 뻣뻣한 근육과 인대가 뼈의 성장을 방해하지 않는지 확인해볼 필요가 있어요. 아침저녁으로 하는 전신 스트레칭, 반신욕, 마사지와 함께 폼롤러를 이용한 부위별 근육의 이완과 필라테스 등이 도움이 되고 공부 중간에 의자에 앉아서 하는 스트레칭 등도 추천합니다.

톨앤핏 유튜브에서
운동법 배우기

우리 아이 스트레스,
운동으로 줄여라

<내면소통>의 저자인 연세대학교 김주환 교수는 통증과 감정은 비슷한 것이라 했습니다. 사람에게는 다섯 가지 감각, 즉 오감이 있는데 고유감각과 내부감각까지 합해 칠감이 있다고도 말합니다. 고유감각에서 올라오는 신호가 감정에 영향을 줍니다. 즉 관절이나 근육과 근막에 감각 세포라는 센서가 있어서 사람은 발을 안 보고도 계단을 내려갈 수 있지요.

또 '심장이 두근거린다, 가슴이 조인다, 장이 꿈틀대는 것 같다, 방광이 꽉 찬 것 같다'라는 볼 수도, 만질 수도 없는 감각을 내부감각이라 하는데 보통은 뇌가 노이즈로 인식하고 별것 아니라 무시합니다. 그런데 예민한 경우 이것을 무시하지 못해 만성 통증을 유발하지요. 많은 아이들이 두통이나 복통을 호소하는데 병원에서 모든 검사를 다 해봐도 이상이 없는 경우가 대부분입니다.

이는 이러한 노이즈를 크게 받아들여서 그렇습니다. 결국 몸의 통증이 곧 감정인 것이지요. 시험 보기 전 배가 아픈 현상을 생각해보면 이해가 되나요? 진짜로 배에 이상이 생겨 아픈 것은 아니고 긴장과 불안이 복통으로 나타나는 것이지요. 학교만 가려 하면 배가 아프고 공부만 하려 하면 머리가 아프고… 이처럼 우리 아이들은 감정을 통증으로 호소합니다.

최근 톨앤핏에 운동하러 와서는 입구에 가만히 서 있다가 돌아간 아이가 있습니다. 평소 오후 3시에 운동을 오는데 스케줄이 바뀌어 오후 7시에 왔고 그 상황이 낯설어 그냥 돌아갔다고 어머니에게 설명을 들었어요. 이처럼 아이들은 조금만 상황이 바뀌어도 스트레스를 받아 회피하려 합니다.

보통 3월 학기 초에는 아이들의 키가 잘 자라지 않습니다. 톨앤핏에서는 수천 명의 아이들 키를 매달 측정하기 때문에 명확하게 알 수 있습니다. '초등학교 6년을 다니고 중학교에 입학하는 것은 6년간 다니던 직장을 그만두고 다른 회사로 이직하는 것과 마찬가지다. 아이들이 얼마나 스트레스를 받겠느냐'라는 말을 자주 합니다.

그렇기 때문에 선행 학습도 중요하지만 아이들이 바뀐 상황에 잘 적응할 수 있는 체력을 길러주는 것이 더 중요합니다. 우리는 부모로서 아이들에게 외부 자극을 보다 쉽게 받아들일 수 있는 몸을 만들어주는 것이 필요합니다.

'건강한 신체에 건강한 정신이 깃든다 Sound Body, Sound Mind'는 말도 있어요. 달리기를 하면 심장 박동 수가 상승하고 코르티솔이 일시적으로 높아지는 반응이 나타나지만 달리기가 끝나고 나면 코르티솔 수치가 달리기 전보다 오히려 낮아지고 이러한 달리기를 반복하면 우리 몸은 스스로 적응해 스트레스가 낮아지게 됩니다.

규칙적인 달리기만으로도 편도체 활성화를 상쇄시켜 공격성은 낮추고 불안감, 우울감 그리고 부정적인 태도를 줄여준다는 연구가 많이 이루어지고 있습니다. 또 운동은 도파민을 높여 즐거움을 느낄 수 있게 도와주고 인지 기능과 기억력 향상에도 도움이 됩니다.

보통 '몸으로 논다'라는 말을 하는데 인간의 기억 중 절차기억 Procedural Memory이라는 것이 있습니다. '언제 누구와 놀았다'와 같은 일화기억 Episodic Memory이 아닌 어떻게 몸을 움직여 놀았는지를 기억하는 것입니다. 다시 말해 아이가 몸을 반복적으로 사용하면서 무의식 중에 저장되는 기억입니다.

달리기, 앉았다 일어나기, 자전거 타기 등 처음에는 어색하지만 나중에는 자연스레 능숙해지는 협응 과정입니다. 몸의 신경 기관, 운동 기관, 근육 등이 서로 호응하며 조화롭게 움직이는 것을 협응 능력이라고 하는데 몸을 써야만 발달합니다. 많은 부모들이 '우리 아이는 몸을 쓸 줄 몰라요~ 어디에 힘을 주어야 하는지 잘 모르는 것 같아요', '친구들과 운동하면 잘 못하니까 더 안 하려 해요'라는 말을 많이 합니다. 그럼 저는 '안 해봤는데 당연하죠. 자꾸 해야 몸이 기억하고 몸을 쓰는 기술이 느는데 잘 걷지도 않는데 달리기가 될 리가 없죠!'라고 대답합니다.

배드민턴, 테니스, 스쿼시, 라켓볼과 같이 눈으로 보고 라켓을 휘둘러 공을 맞히는 라켓 스포츠가 협응을 요하는 대표적인 운동이에요. 하지만 보행이나 달리기가 미숙한 상태에서 갑자기 손에 무엇을 들고 공을 맞히라고 하는 것은 무리입니다. 먼저 바른 보행 자세로 걷고, 앞으로 달리다 방향 전환을 하거나 멈추는 훈련이 먼저 필요해요. 다리와 코어의 힘을 길러주고 체력이 올라오면 종목을 한 가지 정해 단순 반복 과정을 거쳐야 합니다.

우리 아이의 스트레스 해소와 절차기억, 협응 능력을 길러주는 데 몸으로 노는 것만큼 좋은 것은 없습니다. 오늘부터 일주일에 두 번 엄마 아빠와 밖에 나가서 몸으로 놀기를 실천해보세요. 뒤가 아닌 앞으로 달리기만으로도 부정적인 생각보다 긍정적인 감정과 에너지를 높여줍니다. 몸이 기억하는 즐거움과 행복감은 돈으로도 살 수 없다는 것을 명심하세요.

우리 몸은 운동을 하면 근손상이 일어나고 근육통이 생긴 후에 근성장이 일어납니다. 연세대학교 김주환 교수의 '마음근력'과 '회복탄력성'이라는 말이 화제가 된 적이 있습니다. 우리 아이들이 일상에서 겪는 크고 작은 어려움과 실패를 도약의 발판으로 삼는 마음근력을 키우는 것이 중요하고, 성공에 대한 집착이 아니라 어떠한 실패도 두려워하지 않는 마음 바로 그것이 회복탄력성입니다. 뇌의 전두엽은 행동을 집행하는 사령부의 역할을 하는데 운동을 하면 전두엽이 활성화됩니다. 그래서 운동하면 우울증 같은 정서적 질환에 도움이 된다는 연구가 많이 이루어지고 있습니다.

아이들에게 막상 운동을 시켜보면 심폐지구력, 근력과 같은 체력만 필요한 것이 아니라 타인과 소통하는 능력, 자제력, 스스로 하고자 하는 동기와 같은 것들이 요구됩니다. 연세대학교 김주한 교수는 이러한 자기조절력, 대인관계력, 자기동기력을 세 가지 마음근력이라고 표현했습니다. 딱 이 세 가지가 아이들이 운동할 때 필요합니다.

아이들이 운동하면서 나타나는 공격성 때문에 종종 난감한 일이 생기는데, 이러한 경우 편도체의 안정화와 전전두피질의 활성화가 필요하지요. 전전두피질의 역할은 집중력, 끈기, 감정조절력, 충동조절력, 상대방의 의도와 감정 파악, 판단력, 의사결정력과 연관이 깊다고 할 수 있습니다.

편도체의 안정화에는 호흡 조절이 도움이 됩니다. 편도체 활성화 시 머리와 몸을 연결하는 부분인 흉쇄유돌근과 승모근이 긴장되어 거북목과 굽은 등을 동반하고 두통을 유발하게 되는데 이 부분의 이완을 통해 편도체의 안정화가 필요하지요. 말하자면 경추 1번 하나로 볼링공과 같은 무거운 머리를 받치고 있으므로 반드시 이완이 필요합니다.

꼬리뼈부터 정수리까지 일직선으로 유지하는 바른 자세를 잡기 위해 체중을 이용한 등근육 운동도 도움이 됩니다. 그리고 걱정, 원망, 부정적 감정은 편도체를 활성화시키고 이것이 반복되면 분노와 불안이 습관화될 수 있으니 성패와 상관없이 운동 자체를 즐기도록 교육하는 것이 중요합니다.

전전두피질의 활성화에는 고유감각과 내부감각을 훈련하는 달리기, 수영, 스트레칭, 명상, 요가가 도움이 됩니다. 고유감각 집중 훈련은 운동 시 내 몸이 주는 신호를 주의 깊게 관찰하는 것입니다. 또한 자기 자신을 돌아보는 자기

참조 시간을 갖고 자기는 물론이고 타인을 긍정하는 훈련이 도움이 됩니다. 사이코패스는 전전두피질의 활성이 매우 저조하다고 합니다. 전전두피질이 활성화되지 못하면 대인 관계 소통 능력이 떨어지고 감정 조절이 잘 안 되는 것이기에 아이들이 운동과 명상을 통해 전전두피질이 활성화될 수 있도록 환경을 만들어줘야 합니다.

아이들이 운동을 통해 체력을 기르고 성장 발달을 하는 것뿐만 아니라 정서적 안정과 긍정 마인드를 탑재하고 또 용서와 감사 그리고 배려심을 기를 수 있다는 것을 알아야 합니다. 용서에는 자기 용서와 타인 용서 두 가지가 있어요. 자기 용서란 자신이 저지른 잘못, 실수, 어리석은 행동에 대해 스스로를 비난하고 죄책감에 빠지는 것을 그만두는 것이고 타인 용서란 다른 사람이 내게 끼친 해에 대해 용서하고 너그러운 마음을 가지는 것입니다. 이 두 가지는 친구들과 어울려 운동할 때 반드시 필요한 마음이에요. 그러나 이 두 가지를 갖추기는 쉽지 않습니다.

미국 학술의료센터인 메이요 클리닉Mayo Clinic에서 발표한 용서의 효과에는 불안감과 스트레스, 적대감, 혈압 등이 감소하고 행복감과 수명이 증가하며 면역력 강화, 심장 건강 증진, 인간관계 개선 등이 나타난다고 합니다. 그런데 용서에는 또 두 가지 차원이 있다고 합니다. 용서할 수 없다는 생각(복수하려는 마음, 불평을 늘어놓는 마음, 불만스러운 마음, 비판하는 마음)을 줄이는 것과 상대방에 대해 부정적인 생각을 긍정적인 생각으로 바꾸는 것입니다. 아이들이 몸과 마음 모두 건강하게 성장하기 위해서 몸을 움직여 이러한 용서를 배울 수 있기를 바랍니다.

아이에게 운동은 정말 중요합니다.
하지만 아이의 성장 시기에 맞춰 제대로 하는 것이 더 중요합니다.

7장
키성장력을 높이는 식습관 키우기

비만은
키성장의
방해 요인

부모들은 아이가 많이 먹지도 않는데 체지방률이 매우 높은 것을 보고 황당하다는 반응을 보입니다. 그럴 때마다 자주 하는 말이 있습니다. '아 이 아이는 많이 먹지는 않는데 자기가 좋아하는 것만 먹고 주로 밥, 빵, 면, 고기, 우유가 주식이며 움직임이 거의 없군요.' 체구성표가 먹고 움직이고 어떻게 생활하는지를 그대로 말해줍니다. '저희 집에 CCTV 달아놓으셨어요?' 하는 이야기도 정말 많이 듣지요. 우리 몸은 과학입니다. 생활습관이 몸에 그대로 나타나지요. 지금이라도 바꿔야 합니다. 이렇게 계속 가면 키가 문제가 아니라 건강에 문제가 생길 수 있습니다.

대한비만학회의 최근 연구에서 소아청소년 비만의 84%가 성인 비만으로 이어지고, 소아 고도 비만의 경우 100%가 성인 비만으로 이어진다고 발표했습니다. 소아청소년 비만은 고혈압, 당뇨병, 고지혈증, 지방간, 근골격계 질환, 성조숙증, 우울증 등을 동반합니다. 대한비만학회 빅데이터위원회의 2023년 국민건강영양조사 자료에 의하면 10년 전에 비해 공복 시 혈당이 높은 소아청소년이 두 배 이상 증가했고, 소아청소년 제2형 당뇨병이 15년 사이에 네 배 이상 증가했다고 합니다. 그런데 7세에 소아 비만인 아이가 13세 이전에 관리하면 30세 이후 당뇨병의 위험이 1.5배로 낮아지고, 13세 이후까지 비만이 지속되는 경우에는 30세 이후 당뇨병의 위험도가 약 네 배까지 높아진다고 합니다. 어릴 때 잘못된 식습관과 운동부족이 얼마나 건강과 직결되는 문제인지 깨닫게 합니다.

7세 여자아이, 이제 1년 뒤면 학교에 가야 하는데 키가 작고 체중은 이미 30kg을 넘은 상태입니다. 보통 초등학교 입학 시 여자아이는 키 120cm에 몸무게 20kg이 평균이나 사연을 들어보니 먹는 양이 남다르더군요. 유치원생인데 김밥 두 줄에 어묵 세 개는 기본으로 먹는다고 합니다. 팔은 살로 울퉁불퉁 겹치고 턱선이 없는 데다가 배가 나와 척추전만이 심했고 보행도 매우 불안정했습니다.

초등학교 입학 준비로 인해 학습이 강조되다 보니 유치원생들도 앉아 있는 시간이 만만치 않은 게 현실이죠. 그러나 입학하면 앉아 있어야 하는 시간이 더 많아지니 유치원 때에는 체력과 바른 자세로 버틸 수 있는 허리와 다리의 힘을 길러 놓는 것이 공부보다 중요합니다. 걷지 않으니 발목에 힘이 없고 무릎 주변의 근육이 발달하지 못해 안짱걸음이나 휜 다리가 발생하는 경우가 많아 학교 입학 전 보행 자세 개선을 위한 운동이 필요합니다.

그리고 유치원생들이 아직 어리고 편식이 강한 시기라 밥, 빵, 고구마, 떡, 과자 등 탄수화물 위주로만 먹다 보니 근육량은 적고 체지방만 높아져 팔다리는 가늘고 배만 나오는 모습이나 척추전만 현상이 두드러지는 경우도 많아 이 시기에 바른 자세를 위해서는 운동과 올바른 섭취가 중요합니다. 원푸드 음식이나 간식류보다는 영양가 있는 반찬을 골고루 섭취하는 것이 중요하고 하루에 최소 30분씩 두 번 정도는 빠르게 걷는 것이 필요합니다. 그리고 이 시기의 비만이 성조숙증의 원인이 될 수 있으므로 6세부터 초등학교 2학년까지의 비만은 더욱 주의해야 합니다.

초등학교 1학년에 입학했는데 아이들이 돼지라고 놀려 찾아온 남자아이, 50kg이라는 숫자를 보고 깜짝 놀랐습니다. 코로나19 3년 동안 1년에 10kg씩 체중이 증가했다고 하더군요. 간식을 무분별하게 먹고 편식이 심해 채소는 아예 안 먹으며 밥과 고기, 밥과 달걀과 김, 설렁탕, 떡국 등이 주식이라고 합니다. 운동을 시키고 싶어도 달리기가 잘 안 되고 축구, 농구를 보내도 뛰지를 못해 걱정입니다. 수영은 옷을 안 벗으려 해서 보낼 수도 없고요.

초등학교 입학 후 스트레스도 많이 받고 학원과 숙제 양이 늘어나면서 체중이 급증하는 아이들이 많습니다. 남들처럼 흔한 태권도와 축구 등을 시켜보려 하지만 잘 못하니 안 가려 하고 비만으로 인해 X다리가 심한 경우 빠르게 달리기가 안 되어 친구들과 함께하는 단체 운동이 어렵게 됩니다. 사실 체중 급증은 세 끼 식사만으로는 불가능하고 앉아 있는 시간이 어마어마한 경우에 가능한 일이라 쉬지 않고 먹는 간식과 체중에 비해 많이 먹는 밥(탄수화물)의 양을 줄이는 것이 우선입니다.

정말 안 움직이는 유형의 아이들의 경우 어떠한 종목의 운동을 시키려 하기보다는 저녁을 일찍 먹고 매일 1시간씩 나가서 걷고 움직이고, 유튜브 보고 하루에 30분씩 재미난 운동도 따라 하는 작은 실천이 필요합니다. 운동 후 더 먹지는 않는지 확인해야 하고요.

초등학교 4학년 여자아이, 초경을 한다며 엄마가 사색이 되어 찾아왔습니다. 엄마는 중학교 때 초경을 해서 상상도 못했다고 하는데 이미 몸무게가 59kg이라고 합니다. 성인은 키가 그대로이면서 살이 찌니 눈에 띄지만 아이들은 살이 쪄도 키가 같이 크기 때문에 비만이라는 것을 잘 못 느끼는 경우가 많습니다.

초등학교 4학년에 초경을 하고 초등학교 5학년에 음모나 변성이 발생하는 일이 예전보다 훨씬 더 많아지고 있어요. 아이들보다 부모들이 더 놀라 병원을 가지만 성조숙증에 해당하는 나이가 아니므로 정상 범위이긴 하나 키가 빨리 크고 빨리 멈출까 봐 걱정이 이만저만이 아니죠. 여아는 가슴 멍울과 같은 2차 성징이 발현하고 체중과 신장이 늘어나다가 갑자기 초경을 하다 보니 초경을 이렇게 빨리 할 줄은 꿈에도 몰랐다는 분들이 많습니다.

초등학교 4학년에 초경을 한 경우, 지금부터라도 성숙이 빨라질 수밖에 없었던 환경과 요인들을 모두 제거하고 끝까지 잘 성장할 수 있도록 최선을 다하면 됩니다. 초경이 빨라지는 대표적인 원인은 늦은 취침, 운동 부족, 순간적인 체중 급증, 채식이 없이 지나친 육식 그리고 스트레스를 꼽고 있습니다. 고학년으로 올라가며 학습량은 늘고 늦은 취침과 운동 부족 등이 모두 강해지면서 갑자기 초경을 할 수 있다는 사실을 미리 생각하고 건강한 성장 발달을 위해 공부와 생활 중 너무 한쪽으로 치우치는 일이 없도록 주의해야 합니다.

초등학교 6학년 남자아이, 또래 친구들은 콧수염도 나고 변성기도 오고 폭풍 성장을 하는데 배와 가슴만 자꾸 나오고 키가 안 커서 걱정입니다. 집에서 샤워 후 그대로 벗고 돌아다닌다며 아직도 애기 같다고 엄마는 이야기하고, 아이는 '선생님, 왜 저는 털이 안 나요? 친구들은 다 나는데…'라고 여자 목소리로 묻기도 합니다. 보통의 고학년 남학생이라면 여자 선생님에게 부끄러워 물어보기 힘든 질문인데 아직 사춘기가 안 온 것일까요?

남아는 체모나 변성 같은 2차 성징이 발현하면서 폭풍 성장을 하다가 성장 속도가 줄어들게 되는데 우리 아이가 폭풍 성장이 없지는 않는지, 최근 성장 속도가 줄어들지는 않았는지 관찰하는 것이 중요합니다. 그러나 2차 성징도 폭풍 성장도 없이 감속기에 접어드는 경우도 많아 겉으로 드러나는 몸의 변화가 없다고 해서 뼈나이도 안 빨라지는 것은 아니므로 속으면 안 됩니다.

감속기에 접어들기 전에 알아채는 것이 최우선인데 남아는 만 11~12세 이상에 45kg 이상 넘어가는데도 폭풍 성장을 못하고 있다면 높은 체지방, 낮은 근육량 또는 잘못된 생활습관 때문일 수 있으니 더 늦기 전에 무엇이 폭풍 성장을 방해하고 있는지 성장 방해 요인을 찾는 검사를 해보는 것이 필요합니다. 살이 키로 갔다는 이야기는 통통했던 아이들이 폭풍 성장하며 살이 키로 간 것처럼 보이는 착시 현상이니 지금 통통한 초등학교 5~6학년 남자아이라면 운동량을 대폭 늘려 착시 현상을 해결하시길 바랍니다.

키성장과 비만의 상관관계

'소아청소년 비만은 대사질환의 시한 폭탄이다Childhood obesity, a ticking time bomb for cardiometabolic diseases'는 말이 있습니다. 그런데 살이 키로 간다? 성장기 아이를 둔 부모들이 갖는 가장 잘못된 생각입니다. 통통한 아이들이 사춘기가 되어 폭풍 성장하면서 살이 키로 간 것처럼 보이는 착시 현상일 뿐인 것이지요. 그러나 안타깝게도 폭풍 성장은 누구에게나 일어나지 않습니다. 사춘기에 운동 없이 먹고 앉아 있기만 하면 급성장 없이 성장이 끝나버리는 경우도 많습니다. 그러니 살이 키로 간다는 말은 애초에 잘못된 말일 뿐만 아니라 그 착시 현상마저도 누구에게나 해당하지 않다는 것을 빨리 깨달아야 합니다. 중학생이 되어서야 '아 나는 급성장이 한 번도 없었구나… 또래보다 늦고 아직 안 온 줄 알았는데…' 하고 뒤늦은 후회를 하는 것을 많이 보았습니다.

그런데 비만이 걱정되어 오는 부모들은 종종 아이의 체중을 보고 깜짝 놀랍니다. '이렇게 많이 나가는 줄 몰랐네요' 또는 '또 늘었네요? 얼마 전에 00kg이었는데…' 또는 '체지방이 40%예요?'라며 구체적인 숫자를 보고서야 심각함을 느낍니다. 성인들은 늘 유지하는 본인의 체중을 알고 있어 조금만 늘어도 민감하게 반응하고 빠르게 인지합니다. 그러나 아이들은 길이 성장과 부피 성장이 같이 일어나기 때문에 체중이 늘어도 키가 커서 그렇다고 생각하거나 집에서 키만 측정하고 체중을 자주 재지 않아 뒤늦게 아는 경우도 있습니다.

이 글을 읽는 부모 중 다이어트를 한 번도 안 해본 분이 얼마나 될까요? 생각해보면 살이 찌고 빠지기를 반복하면서 매번 다이어트에 실패하고 다시 찌는 가장 큰 이유는 허기짐, 공복감을 못 이겨내기 때문입니다.

가짜 식욕
vs
진짜 식욕

가짜 식욕, 진짜 식욕이라는 말이 있지요. 가짜 식욕은 위에서 허기를 느끼지 않는데도 음식을 먹고 싶다는 욕구가 드는 상태를 말합니다. 음식의 종류와 상관없이 배를 채워야겠다는 생각이 든다면 진짜 식욕이고, '짜장면이 먹고 싶다. 떡볶이가 먹고 싶다'처럼 특정 음식을 먹어야겠다는 생각이 든다면 가짜 식욕일 확률이 높아요.

가짜 식욕은 호르몬 분비와 관련이 있습니다. 스트레스를 받을 때 분비되는 코르티솔은 당분, 지방, 나트륨에 대한 식탐을 높이지요. 소아 비만 아이들의 경우 스트레스를 먹는 것으로 보상하는 경우가 많습니다. 아이들은 불안감과 긴장감을 과자나 젤리 등 고지방, 고당류로 달래기도 하지요. 음식을 먹을 때 도파민과 세로토닌의 분비가 높아져 행복감을 느끼기 때문입니다.

소아 비만 아이들을 보면 공복인 시간이 거의 없습니다. 쉬지 않고 냉장고를 여는 아이, 밥 먹고 아이스크림 먹고, 밥 먹고 과일 먹고, 밥 먹고 과자나 초콜릿 먹고 주스 한 잔 마시고 등등. 혈당 스파이크 *Sugar Spike*라는 말이 있는데 '널뛰는 혈당'이라고도 해요. 식사 후 체내 혈당 수치가 급격히 치솟는 현상으로, 당류나 탄수화물이 많이 포함된 식사 후에 졸음과 집중력 저하를 유발하고 얼마

지나지 않아 급격하게 허기를 느끼는 증상이 나타나는 것을 말하지요.

밥을 먹었는데 금방 또 군것질을 찾는 아이라면 가짜 식욕으로 허기짐과 공복감을 이기지 못해 또 다른 당류나 탄수화물을 몸에서 요구하는 악순환 상태인 것입니다. 이는 잘못된 식습관뿐만 아니라 운동부족도 한몫합니다. 섭취 후 혈당이 널뛰지 않도록 운동을 통해 혈당을 조절하는 것이 중요합니다.

아이들의 경우 매일 무심코 먹는 과일주스나 요거트 등을 끊는 것만으로도 비만 탈출에 큰 도움이 될 수 있습니다. 일반적으로 지방 1kg을 감량하는 데 7700kcal가 소모됩니다. 예를 들어 매일 110kcal의 음료수를 1년 동안 줄인다면 110kcal x 365일 = 40150kcal, 40150kcal / 7700kcal = 5.2kg, 즉 매일 의미없이 마시는 음료 하나를 줄이는 것만으로도 1년에 5kg 감량이 산술적으로 가능하다는 이야기입니다.

그런데 우리 몸은 다이어트를 하면 대사 효율을 낮추고 지방을 천천히 연소시킵니다. 예를 들어 2000kcal를 먹는 사람이 1000kcal를 줄이는 것과 100kcal를 줄이는 것을 비교해보면 갑자기 섭취 칼로리를 반으로 줄일 경우 오래 지속할 수 없을 뿐만 아니라 근육량이 줄고 기초대사량도 줄어드니 에너지 대사 측면에서도 효율적이지 않습니다. 그러나 하루에 100kcal씩 몸이 눈치채지 못할 정도로 소폭으로 칼로리를 줄이면서 운동을 병행한다면 근손실은 줄이면서 키성장도 방해하지 않고 비만에서 탈출할 수 있습니다.

성조숙증을
예방하는 식단 관리

성장기 아이들에게 소아 비만이 사회적 이슈가 되는 이유 중 하나가 성조숙증으로 인한 키 손실입니다. 성조숙증의 대표적인 원인은 비만과 운동부족입니다. 체지방과 성호르몬은 비례하므로 성장기에 키만 측정하고 체중 관리를 소홀히 하는 것은 당장 크는 키만 신경 쓰고 빨라진 성숙은 놓쳐 결국은 작은 키가 되게 만드는 지름길입니다. 사춘기에 폭풍 성장을 해야 하는데 너무 빨리 크고 빨리 멈추어 키가 크는 총 시간이 줄어들거나 폭풍 성장 없이 성장한다면 큰 키가 될 수 없습니다. 그렇다면 비만과 성조숙증을 예방하고 원하는 키가 되려면 지금부터 어떻게 해야 할까요?

성장기 아이들에게 비만 예방법이란 성조숙증 예방과 동시에 키 크는 방법이 될 수 있어요. 다음 세 가지를 명심하세요.

❶ 매주 같은 요일, 같은 시간에 체중을 측정하고 기록하자!

2차 성징 발현 전이라면 1년에 여자아이 약 2kg, 남자아이 약 3kg 증가가 적정 수준이고 사춘기가 시작되었다면 1년에 약 8cm 이상 큰다는 전제 하에 약 4~5kg 증가까지 적절합니다. 체중의 급증도, 체중의 급감도 건강과 성장에는 바람직하지 않으므로 자주 측정하는 것만으로도 성장의 균형을 맞출 수 있고 비만과 성조숙증을 예방할 수 있습니다.

❷ **식판을 사용하자!**

미국 코넬대학교 식품연구소 소장인 브라이언 완싱크Brian Wansink는 그의 책 <나는 왜 과식하는가Mindless Eating)>(2008, 황금가지)에서 '보통 사람들은 제공된 용기에 담긴 것을 적당한 양이라고 생각하고 무의식적으로 먹는다고 합니다. 어린이들은 시리얼 그릇이 크면 클수록 44%나 더 먹는다'고 했습니다. 식판을 사용하면 각 칸에 빨강, 노랑, 초록 신호등 색깔에 맞춘 신호등 식단을 골고루 적당량 분배해 먹을 수 있습니다. 보통 한 가지 음식만 먹으면 더 많이 먹게 됩니다. 식판에 반찬을 다양하게 담아 먹으면 단품 식사나 밥만 많이 먹는 식습관도 개선할 수 있으니 식판을 꼭 사용해봅시다!

신호등 식판을 활용한 신호등 식단의 예

❸ **굶기지 말고 탄수화물과 당류를 줄이고 채소를 더 먹이자!**

아이가 자꾸 살이 쪄서 아침을 안 준다는 부모들이 있습니다. 그러면 아이는 점심에 폭식하거나 밥만 많이 먹고 하교 후 간식으로 빵, 떡볶이, 과자, 아이스크림 등을 먹고 사이사이에 우유를 물처럼 마시게 됩니다. 아침을 안 먹었다며 엄마는 저녁엔 '키 커야 한다, 체력 떨어지면 안 된다'고 고기를 많이, 밥 듬뿍 그리고 과일까지 챙겨줍니다.

이렇게 굶었다 먹으면 혈당 스파이크가 더 세게 일어나고 탄수화물 중독처럼 밥, 면, 빵, 떡 등을 찾게 됩니다. 결국에는 근육량이 줄어들어 체지방률이 더 높아지고 별로 먹지도 않는데 살이 안 빠진다며 체질 탓을 합니다. 하지만 그렇지 않습니다. 4시간 간격으로 단백질과 채소를 함께 먹는 것이 근손실을 막고 지방 축적도 줄이는 방법입니다.

채소의 비타민과 무기질은 단백질의 흡수를 돕고 섬유질은 지방의 흡수를 막아줍니다. 아침은 오전 8시, 점심은 낮 12시, 간식은 오후 4시, 저녁은 오후 7~8시에 먹는다고 가정할 때 아침은 안 먹거나 시리얼로 때우고, 점심은 밥만 많이 먹고, 간식과 저녁으로 탄수화물을 폭식하고 있지는 않는지 체크해봅시다.

키성장과 음식
또는 식습관에 관한
10대 FAQ

❶ 키 크는 데 도움이 되는 음식에는 어떤 것들이 있나요?

특정 음식만 집중적으로 섭취하는 것은 영양의 불균형뿐 아니라 근육량 증가가 저조하거나 체지방만 높게 축적될 위험이 있으니 주의해야 합니다. 따라서 건강한 키성장을 위해서는 식사 시 5대 영양소를 골고루 섭취하되 계속 다른 재료, 다른 조리법을 활용하는 것이 필요합니다.

❷ 키 크는 영양제 좀 추천해주세요.

아무런 노력도 안 하고 '이거 먹으면 갑자기 키 큽니다' 하는 영양제는 없다고 보시면 됩니다. 다만 성장하는 데 도움을 주는 보조제들이 있으므로 아이의 개별 성장 발달에 맞게 적용해야 합니다. 음식으로는 섭취가 어려운 필수 아미노산 9종, 단백질의 흡수를 도와주는 멀티비타민, 장의 흡수를 도와주는 유산균 등이 필수 영양제입니다.

❸ 살이 키로 가나요? 남의 집 아이들은 통통했다가 살이 쭉 빠지면서 키로 갔다는데…

지방은 키가 될 수 없습니다. 급성장기를 거치면서 폭풍 성장을 하다 보니 통통했다가 갑자기 키가 10cm 크면서 살이 키로 간 것처럼 보이는 착시 현상입니다.

❹ 우유 많이 먹으면 키가 크나요? 얼마나 먹어야 하나요?

우유는 음식으로 얻을 수 없는 영양소를 얻기 위해 하루에 한 잔 정도가 적당합니다. 우유 속 인의 과도한 섭취는 오히려 칼슘을 배출할 수 있으므로 과유불급입니다. 그리고 단백질 섭취를 위해 우유를 마셨지만 당과 지방도 함께 먹게 되므로 주의해야 합니다.

❺ 편식이 심한데 채소를 꼭 먹어야 하나요? 채소를 싫어해 급식을 안 먹어요.

채소를 싫어하는 아이들의 특징이 급식을 거의 먹지 않거나 그냥 밥만 먹는 경우가 많습니다. 그럼 아침, 저녁을 어떻게 줘야 할까요? 키 크게 하려고 단백질도 챙겨 먹이고 비싼 영양제도 먹이는데 거의 흡수가 안 된다면 어떻게 하시겠습니까? 김밥, 월남쌈, 볶음밥처럼 한꺼번에 먹을 수 있는 형태이거나 무, 파, 마늘, 양파 등을 넣고 채수를 만들어 요리하는 방법도 있습니다. 고기에는 구운 채소나 상추쌈 또는 샐러드를 같이 먹게 하고 아침에 브로콜리 세 개, 저녁에 양배추찜 세 장을 곁들이는 식으로 채소 먹는 습관을 들이도록 합니다.

❻ 하루에 단백질은 얼마나 먹어야 하나요?

시럽 감기약을 체중에 비례해서 먹는 것처럼 1일 필요 단백질 양도 체중에 비례하는 것이 바람직합니다. 일반적으로 체중 20kg이면 단백질 20g(1일 닭가슴살 100g + 달걀 1개 정도), 40kg이면 단백질 40g(1일 소고기 120g + 닭가슴살 100g + 달걀 1개 정도)으로 생각하면 됩니다. 다만 현재 근육량이 매우 부족한 아이라면 추가 단백질 섭취와 채소 섭취 그리고 강도 있는 운동이 반드시 병행되어야 합니다.

❼ 성조숙증 예방에 도움이 되는 음식이 있나요?

어른들이 스태미나 음식이라고 말하는 장어, 새우 등 고콜레스테롤 음식은 주의하는 것이 좋습니다. 콩, 두부, 두유의 이소플라본 성분이 여성 호르몬을 높인다고 하지만 매우 많이 먹었을 경우이니 큰 문제는 없습니다. 좋아하는 또는 잘 먹는 한 가지 음식만 집중 공급하는 것을 주의해야 합니다. 성조숙증 예방에 도움이 된다고 알려진 율무를 차로 마시거나 밥에 넣어 먹는 방법도 있습니다.

❽ 과일도 많이 먹으면 안 되나요?

과일에는 각종 비타민과 섬유질이 풍부해 낮에 한 번 정도 먹는 것은 좋습니다. 하지만 과당도 많이 섭취하면 혈당을 높이고 체지방이 쌓여 비만을 유발하거나 성장 호르몬의 분비를 낮춰 키성장을 방해할 수 있습니다. 특히 밤에는 피해야 합니다.

❾ 학원 다녀와서 밤 10시에 배고프다고 하는데 어떻게 해야 하나요?

오후 5시에 이른 저녁을 먹고 학원에 갔다가 밤 10시에 오는 경우가 많다 보니 이런 고민을 하는 경우가 있습니다. 원래는 공복을 유지하고 취침을 하는 시간이기에 안 먹는 것이 원칙이에요. 너무 허기져 잠이 안 온다고 하면 당이 거의 없는 무지방 무가당 그릭 요거트나 아몬드 정도를 추천합니다.

❿ 입이 짧아 잘 안 먹는 아이는 어떻게 해야 하나요?

공복이 길어져도 배고픔을 잘 못 느끼는 아이들이므로 자주 먹을 수 있게 도와줘야 합니다. 한꺼번에 많이 먹지 못하니 계속 다른 형태의 다른 음식을 조금씩, 하루에 4~5끼 먹는다는 생각으로 꾸준히 실천해야 합니다. 4시간

간격으로 단백질과 간식을 제공해 근손실이 일어나지 않게 하는 것도 중요합니다. 입이 짧은 아이는 위가 좋지 않은 경우도 많아 속이 편안한 음식을 찾는 노력이 필요합니다.

키성장력을
10배 높이는
식단 노하우

우리 아이들이 건강하게 키 크기를 바라는 부모의 마음은 굴뚝 같은데 아침은 시간에 쫓겨 요기만 대충, 점심 급식은 무엇을 얼마나 먹었는지 도통 알 수 없고, 간식은 학원 시간 때문에 편의점이나 밖에서 간단하게 때우고, 저녁만 좀 챙겨 먹여서 원하는 키만큼 잘 클 수 있을까요? '엄마가 행복해야 아이도 행복하다!' 식사를 차리는 엄마가 힘들지 않은 범위 내에서 간단하게 차리면서도 키 크는 데에 필요한 필수 영양소들을 골고루 섭취하게 할 수 있는 방법은 없을까요? 실제 아이를 톨앤핏에 보내면서 운동과 식습관을 완전히 바꿔 1년에 15cm 이상 키워낸 아이 부모가 차려준 사례를 예시로 들어봅니다.

● **아침 식사 원칙 Simple is the best**

공부하느라 늦게 잠든 피곤한 우리 아이들! 부모 마음에 안쓰러워서 아침에 조금이라도 더 자라고 안 깨우다 보니 아침밥 먹을 시간이 부족합니다. 그런데다가 아침에는 입맛이 없어 밥이 안 먹힌다는 아이, 아침을 먹으면 배가 아프다는 아이, 아침을 먹고 학교에 가면 화장실에 가야 하는 것이 싫어 안 먹고 가려는 아이, 아침밥을 차려줘도 반도 안 먹고 가는 아이… 이러한 나날들이 반복되니 엄마들도 지쳐서 자연스레 아침을 안 차리게 되고 간단히 더 간단히 주게 되는 것 같아요. 십수년간 수없이 많은 아이들에게 식사일지를 받아봤지만 아침밥으로 가장 많이 등장하는 것이 1위 씨리얼, 2위 밥, 김, 달걀, 3위 빵, 우유입니다. 빠르고 손쉽게 5분~15분 이내에 차려 줄 수 있는 영양만점 아침 식사 샘플을 함께 보시죠~

체중에 비례해서 단백질도 공급되어야 하는데 보통 약 30kg 전후의 아이라면 아침에 약 10g 정도의 단백질을 공급하는 것이 좋습니다. 예를 들면, 소고기 80~100g 또는 달걀흰자 2~3개 정도. 점심이나 간식에서 단백질을 공급할

수 있는 것이 많지 않으므로 저녁에만 많이 먹인다는 생각보다는 아침에 분산시켜 공급하는 것이 골격근량의 증가에 도움이 됩니다. 오늘의 급식이 무엇인지 급식표나 앱을 통해 확인 후 그것과 다른 반찬을 주려고 노력하는 것도 팁입니다.

● **점심 식사 원칙** As variously as possible

들기름 막국수

김치 볶음밥

평일은 유치원이든 학교에서 급식을 먹으니 최대한 반찬을 골고루 먹을 수 있게 교육하고 무엇을 얼마나 먹었는지 학교에서 제공하는 식단표에 동그라미 치면서 양을 체크해 주시면 좋겠습니다. 문제는 주말이지요. 토요일과 일요일 점심에는 가족과 함께 외식을 하거나 아침 겸 점심을 차려 먹는 경우가 많은데, 아침, 저녁과는 달리 조금 가벼운 식사를 준비하는 것이 좋아요. 매일 먹는 밥이 지겨울 때 먹는 특식 같은 개념입니다.

● **간식 원칙** Low carb, Low sugar, Zero high fructose corn syrup

유치원이나 학교에 다녀와서 저녁을 먹기 전까지의 간격을 생각해서 간식을 제공하는 것이 좋습니다. 만일 아침 식사 오전 8시, 점심 식사 낮 12시, 저녁 식사가 오후 7시라면 간식은 오후 4시경에 간단히 제공할 수 있으면 좋고 통통한 아이라면 사실 굳이 필요 없습니다. 성장기 아이라는 이유로 간식을 꼬박꼬박 챙겨 먹인다는 생각을 버리셔도 좋습니다. 단 아침을 저녁처럼 골고루 영양을 채워 먹는다는 전제하에요. 그러나 쉽지 않죠! 키성장에 필요한 영양을 조금이라도 채우고 맞추기 위한 성장기 간식의 샘플을 함께 보시죠.

- **저녁 식사 원칙 As early as possible**

저녁은 다들 밥, 고기 또는 메인 음식들 위주로 잘 챙겨주시는 편입니다. 그러나 아이들이 채소나 다양한 반찬에 손을 잘 안 대다 보니 주로 잘 먹을 수 있는 밥과 고기만 주거나 우동, 파스타, 밥과 카레, 밥과 미역국 이렇게 단품으로만 주는 경우가 많습니다. 아무리 아침과 급식을 잘 챙겨 먹었다 하더라도 한 가지 음식으로는 성장기 하루에 필요한 영양소를 다 채우기 힘드므로 단백질의 흡수를 돕는 비타민, 무기질을 곁들여 먹을 수 있도록 식단을 구성하는 것이 좋습니다. 아이들이 좋아하는 것을 주면서 꼭 먹어야 하는 것도 곁들이는 습관을 들이면 좋겠습니다. 그리고 저녁 식사 후에는 활동이 없는 경우가 대부분이라 혈당을 낮추기가 어려우므로 당이 높은 소스나 정제된 탄수화물, 액상 과당 등을 피하는 것이 좋습니다.

아이의 편식으로 힘들어하는 부모에게

STORY → **아이가 아침을 안 먹으려 해요**

SOLUTION → 누구나 눈을 뜨자마자 밥을 먹으라고 하면 먹기가 쉽지 않죠? 아침을 제대로 충분히 먹으려면 원래 일어나는 시간보다 약 1시간 정도 일찍 일어나서 유튜브를 하든 게임을 하든 아이가 하고 싶은 것을 하고 있다가 시간이 조금 흐른 뒤 밥을 먹여보세요. 예를 들어, "네가 아침 6시 50분에 일어나서 7시 40분까지는 무엇을 하든 간섭하지 않을게 너 하고 싶은 것을 하렴. 너만의 자유 시간이야~ 우리 집 아침밥은 항상 7시 40분부터 8시 20분까지 먹을 거야. 엄마가 차려준 것을 남기지 않고 충분히 다 먹고 학교에 간다면 오늘 하루 필요한 영양소의 많은 부분을 채울 수 있어서 엄마가 낮에 챙겨주지 못해도 마음이 좀 편할 것 같아. 그럼 8시 20분부터 학교 가기 전 15분이 또 남으니 그때에는 뭘 하면 좋을까?" 이렇게 대화를 나눠보면 어떨까요?

STORY → **입이 너무 짧아요**

SOLUTION → 입 짧은 아이들 부모님의 특징이 아이가 많이 안 먹을 것을 아니까 처음부터 양을 조금 줍니다. 예를 들어 만두를 두 개 먹는다는 것을 아니 처음부터 두 개만 주는데 다섯 개를 주고 세 개만 먹어 하면 두 개를 남겨도 되는구나 하고 그래도 세 개는 먹습니다. 김밥도 한 줄을 다 못 먹는 것을 알지만 처음에 한 줄을 다 주고 거기서 천천히 반 이상 먹으면 칭찬해주고 나머지를 숙제할 때 더 주고 한두 개라도 더 집어먹게 합니다.

그리고 밥이나 볶음밥 같은 것은 작고 예쁜 그릇에 꾹꾹 눌러 담아 양이 아주 적어 보이게 주는 것이 좋습니다. 꾹꾹 눌러 담은 밥을 큰 접시 한가운데에 엎어서 주면 매우 양이 적어 보이는 착시 현상도 줄 수 있습니다. 뭐든 양이 적어 보이게 담는 노력을 기울여보세요. 고기는 잘 안 씹고 입에 물고 있을 수 있으니 부드러운 안심이나 목살 등을 잡채 고기처럼 얇게 썰어서 잘 씹히게 주는 것도 팁입니다. 결국 자꾸 먹고 양을 늘려 위가 늘어나고 소화 기능이 발달해야 더 잘 먹게 되는 것입니다.

STORY → 채소 안 먹는 아이에게 채소 어떻게 먹이면 좋을까요?

SOLUTION → 보통은 채소를 잘게 다져 볶음밥이나 카레에 넣는 분들이 많죠. 좋은 방법인데 고기나 밥의 양에 비해 실질적으로 먹은 채소의 양이 너무 적을 수 있습니다. 누구나 모든 채소를 다 잘 먹을 필요도 없고 그럴 수도 없죠. 굳이 싫어하는데 가지, 버섯을 먹으라고 할 필요는 없고 '그래도 이건 좀 먹을 수 있다' 하는 채소가 있다면 5가지를 정해 그것만이라도 매일 아침저녁으로 제공해주면 좋겠습니다. 흐물거리는 식감을 싫어하는 아이들에게는 생채소를, 생것의 아삭함을 싫어하는 아이들에게는 달걀말이나 고기와 함께 볶아서 주는 것도 좋습니다.

STORY → 인스턴트나 패스트푸드만 좋아하는 아이 때문에 힘들어요

SOLUTION → 조미료 맛에 길들여지면 집밥이 맛없는 것은 어른도 마찬가지죠. 고기도 불고기나 제육볶음, 갈비찜처럼 양념된 것만 주지 말고 생목살, 생안심, 생닭다리살 등을 구워서 반찬으로 먹는 습관을 들이는 것이 좋습니다. 라면, 햄버거, 피자, 치킨 등이 자극적인 맛이라 한번 먹으면 또 먹고 싶고 자주 먹게 되다 보니 균형된 영양 섭취를 방해하고 비만으로 인한 성장 저해의 원인이 될 수 있으므로 가끔 먹거나 한 달에 한 번 정도로 제한하는 것이 필요합니다. 정 먹고 싶다면 야식으로 말고 주말 점심에 먹고 운동하고 저녁은 가볍게 먹는 것을 선택해보세요. 어떤 엄마는 아이가 배가 엄청 고플 때는 라면이나 인스턴트 식품을 절대 먼저 안 먹인다고 해요. 배고플 때 먹는 이 자극적인 음식들이 더 맛있게 느껴지죠. 끼니 때, 꼭 먹어야 할 때는 가능하면 집밥을 해주세요.

많이 먹는다고
키가 커지는 것은
아닙니다.

성장기일수록
균형 잡힌 식단 관리가
더 중요합니다.

Q&A

성장 클리닉에서 상담을 하며 가장 많이 받는 질문 16

1
키는 유전이 아닌가요?

부모로부터 태어났는데 당연히 유전적인 영향이 있겠지요. 하지만 자녀가 셋일 경우, 같은 부모에게서 태어났어도 자라는 과정에서 먹는 것, 자는 것, 움직이는 것이 다 달라 결과적으로 다 다른 키가 됩니다. 이처럼 유전과 환경 모두 중요하지만 유전은 바꿀 수 없으니 생긴 대로 살거나 환경적인 부분을 노력하거나 둘 중 하나를 선택해야 한다면 어떻게 하시겠어요?

2
무얼 먹으면 키가 크나요?

요즘에 못 먹어서 안 크는 사람은 없어요. 주변의 채식주의자를 생각해보면 키만 잘 크지요. 키 크는 데 꼭 특정 음식이 필요한 것은 아니나 편식이 심하거나 입이 짧거나 혈당이 높아질 만큼 간식을 주식처럼 먹는다면 성장을 방해할 수 있어요. 음식은 제때 얼마만큼 먹느냐에 신경 쓰고 영양 과잉, 영양 결핍 모두 주의해야 합니다. 성장 호르몬의 재료인 단백질 공급을 높이려고 고기, 우유만 먹고도 잘 안 크는 경우를 생각해보면 '무얼 먹으면 키가 크나요?'라는 질문이 잘못됐다는 것을 알 수 있어요.

3
살이 다 키로 가는 줄 알았어요!

부모들이 자주 하는 이 말을 아직도 하루에 두 번 이상은 듣는 것 같아요. 언제쯤 이 말을 듣지 않을까요? Fat은 Bone이 될 수 없어요. 기본적인 영양 공급이 중요한 미취학 아동 시기에 섭취가 좋아 또래보다 조금 더 크게 초등학교에 입학할 수는 있으나 이것만으로 초중고등학생 때에도 계속 잘 크겠지 생각하면 안 돼요. 초등학교 입학할 때 통통했다면 날씬해지는 경우는 많지 않아요. 학년이 올라가면서 체지방의 축적으로 결국 비만으로 이어지고 조기 성숙과 키성장 둔화는 세트로 나타나거든요. 다만 성호르몬이 상승하는 시기에 폭풍 성장을 하다 보니 살이 키로 간 것처럼 보이는 착시 현상에 속을 수 있어요. 영양 과잉과 운동부족이 동시에 이루어질 때 뼈나이가 빨라질 수 있다는 것을 명심하세요.

4
비만과 키의 상관관계

체지방은 성호르몬을 높여 성조숙증을 유발하고 성장판을 빨리 닫히게 할 수 있어요. 결국 키가 크겠다고 많이 먹은 것이 해가 되어 빨리 크고 빨리 멈추게 만듭니다. 또 비만은 체형의 변형을 가져와 운동 능력을 떨어뜨리고 부상의 위험을 높이며 움직임을 제한해 성장을 방해하게 됩니다. 쉬지 않고 먹는 습관은 혈당을 높이고 성장 호르몬의 분비를 낮춰 지방 분해도 어렵게 해요. 불필요한 간식은 줄이고 채소와 같은 섬유질의 섭취를 늘려 지방 흡수를 줄여주는 것이 좋습니다.

5
키 크는 운동에는 줄넘기 말고 또 뭐가 있나요?

일반적으로 키 크는 운동은 성장판에 수직적인 압력을 주는 운동을 말합니다. 그것이 긴 뼈 끝에 붙어 있는 말단 연골, 즉 성장판에 자극을 주어 뼈가 길어지는 것을 돕기 때문이에요. 그러다 보니 단순하게 점프, 줄넘기, 농구만이 성장에 도움을 주는 운동으로 알려져 있어요. 그러나 그렇지 않아요. 모든 운동은 중고강도 이상으로 진행 시 성장 호르몬의 분비를 높이고 이것 자체만으로도 키 성장에 도움을 줍니다.

운동은 심폐 기능, 근력, 근지구력 등 체력을 길러 우리 몸의 순환을 돕고 일상에서의 피로 해소 능력을 좋아지게 해요. 이 또한 성장의 키포인트이지요. 또 체지방을 분해하고 성숙을 억제하며 혈당을 낮추어 성장 호르몬이 몸에서 더욱 잘 분비될 수 있는 환경을 만들어줍니다. 많은 부모들이 운동 종목을 물어보는데 키 성장 운동에서 핵심은 운동 강도와 양이에요.

6
운동은 일주일에 몇 번 해야 하나요?

보통 주 1회 농구, 주 1회 수영 등 양도 적고 강도도 약한 경우가 대부분이라 운동을 해도 효과를 못 봤다고 생각하는 거예요. 마치 어른이 주 1회 PT를 다니면서 왜 뱃살이 안 빠지고 다리 힘도 안 길러지는지, 왜 늘 피곤한지 의문을 갖는 것과 같아요. 5년간 주 1회 영어 공부를 하면 늘까요? 영어는 5년째 주 3회 보내는데 왜 운동은 주 1회 3개월 해보고 효과가 없다고 하는지요? 공부는 몰아서 할 수 있지만 몸은 그렇지 않아요. 어릴 때부터 몸 관리에 많은 시간을 쏟을 수 있는 환경을 만들어주세요. 170cm가 안 되는 농구 선수나 복싱 선수를 생각해보면 농구나 줄넘기에 답이 있지 않다는 것을 깨달아야 해요.

7
운동을 많이 하면 할수록 키가 더 많이 크나요?

운동을 두 배로 한다고 키가 더블로 크는 것은 아닙니다. 하지만 운동량이 너무 적고 몸에 어떠한 변화도 가져오지 못하면서 운동을 하고 있다고 착각하는 경우가 많죠. 운동으로 성숙을 억제하고 키성장에 도움을 주려면 최소 주 3회 이상 중고강도 이상의 운동이 꾸준히 실천되어야 합니다. 여자 운동선수들의 실제 초경 나이가 평균 나이보다 매우 늦고 성장판이 늦게 닫혀 고등학교, 대학교에 가서도 조금씩 크는 것이 그 좋은 예이고 반대로 여자 운동선수가 운동량이 많은 상태였다가 운동을 쉬거나 중단하면 바로 초경을 경험하는 것도 운동이 성숙을 억제하고 있다는 좋은 예입니다.

8
하루에 몇 시간 자는 게 가장 좋나요?

피로 해소 능력은 아이마다 다 다릅니다. 우리가 체력을 기르는 이유도 버틸 수 있는 힘을 키워 무엇이든 잘해내기 위해서예요. 평소 운동을 많이 해 건강한 아이들은 피로가 덜 쌓이고 몸 회복 능력이 좋아 자도자도 피곤하다고 하지 않아요. 피로를 충분히 해소할 수 있는 수면 시간은 각기 다를 수 있으니 매일 규칙적으로 자고 일어나는 습관을 들이는 것, 수면 전 수면 모드에 진입할 수 있도록 수면 인트로를 만들어주는 것, 아침에 개운하게 일어나는지 확인하는 것이 필요해요. 다시 말해 아무리 숙제가 많아도 밤 10시에는 잠자리에 들고 다음 날 일찍 일어나 마무리하고 그날 또 밤 10시에 잘 수 있는 몸 상태를 만들어주어야 해요. 시간이 됐으니 자는 것이 아니라 밤 9시 40분이 되면 양치하고 세수하고 편안하게 침대에 누울 수 있는 분위기를 조성해주고(자기 직전까지 밀린 숙제를 하다 혼나고 잔다면 잘 클 수 있을까요?), 푹 잤다면 아침에 개운하게 일어나야 하는데 일찍 잤음에도 힘들어하는지 체크하고, 수면의 질을 높여주는 다양한 방법(안대, 방의 온도, 암막 커튼, 동생과 분리, 학교에서 고민, 아버지의 늦은 귀가, TV 소리 등)을 찾아 개선하는 것이 더 중요합니다.

9
노력하면
예상키보다 클 수 있나요?

성장기 아이의 경우 노력하면 예상키보다 더 클 수 있습니다. 그 노력의 시기는 빠르면 빠를수록 좋습니다. 1년에 1.5cm씩만 더 커도 5년이면 7.5cm, 10년이면 15cm 더 클 수 있습니다. 또래보다 작거나 성장 속도가 둔화되어 있다면 지금이라도 하루빨리 타고난 유전 키보다 또 현재 키로 예측하는 예상키보다 더 클 수 있도록 적극적으로 노력해야 합니다.

10
성장판이 닫혀도
키가 클 수 있나요?

성인처럼 완전히 닫힌 것이 아니기에 성장기라면 거의 닫힌 상태에서도 가능합니다. 보통 여자아이는 만 16세, 남자아이는 만 18세 이전에는 끝까지 노력하는 것이 도움이 됩니다. 실질적으로 뼈가 자라기 위해 성장 방해 요인들을 제거하고 성장 환경 요인들을 적극적으로 맞춰준다면 조금이라도 클 수 있습니다.

11
초경을 하면
키 안 크나요?

초경을 하면 키가 아예 안 자라는 것이 아니라 초경 전 급성장에 비해 성장 속도가 둔화되어 거의 안 크는 것처럼 보이는 것입니다. 초경을 했기 때문이 아니라 고학년인 상태에서 호르몬 변화로 인한 사춘기 현상 등이 겹쳐 매우 늦은 취침, 운동 중단, 잘못된 식습관, 스트레스가 겹쳐 더욱 안 크는 경우가 많습니다. 일반적으로 초경 후 약 5~6cm 정도 자라는데 초경 직후 빠르게 관리하면 더 잘 클 수 있습니다.

12
말라도
키는 클 수 있나요?

말라도 키는 충분히 클 수 있습니다. 과체중 또는 비만인 아이들이 마른 아이들보다 무조건 키가 큰 것은 아닙니다. 다만 해마다 키 크는 속도와 체중 증가 속도가 맞지 않으면 맥시멈 클 수 없거나 바른 자세, 체형 유지에 어려움을 겪게 됩니다. 뼈를 잡아주는 근육량이 매우 적은 경우 근력이 약해 척추를 바로 세울 수도, 다리를 곧게 할 수도 없습니다. 따라서 건강하고 반듯하게 성장하려면 키성장과 체중 증가는 비례해서 발달해야 합니다.

13
성장 호르몬 주사의 부작용이 걱정됩니다!

성장 호르몬 주사의 대표적인 부작용은 두통, 부종, 관절통, 당뇨 등 여러 가지가 있으나 초기에 적은 용량부터 적응하는 기간을 갖고 서서히 진행함으로써 그 확률을 줄일 수 있습니다. 누구에게나 같은 반응이 나타나는 것은 아니지만 신중히 결정하고, 꼭 맞아야 하는 경우가 아니라면 운동과 숙면, 충분한 영양 섭취 등을 통해 성장 호르몬 분비가 자연적으로 상승하고 키성장도가 좋아지는지 확인 후 시작하는 것이 좋습니다.

14
성숙 억제 주사를 맞으면 예상키가 더 커지나요?

많은 분들이 성숙 억제 주사를 맞으면 예상 키가 늘어날 것이라고 생각합니다. 키가 클 수 있는 시간을 벌어준다고 생각해서인데요. 성숙 억제 주사는 성숙을 억제시킴과 동시에 성장도 둔화시킬 수 있으므로 반드시 예상 키가 더 늘어나는 것은 아닙니다. 성조숙증에 해당하는 경우가 아니라면 최종 예상 키가 작다는 이유로 성숙 억제 주사를 맞기보다는 성숙이 빨라지는 여러 요인들을 개선하는 노력이 필요합니다. 사춘기에 성숙 억제 주사로 인해 폭풍 성장을 경험하지 못하는 경우도 많으므로 신중하게 전문가와 상의하는 것이 좋습니다.

15
영양제는
꼭 먹여야 하나요?

영양적으로 부족하거나 1년 지나도 체중이 증가하지 않거나 잔병치레를 하거나 체력이 약하거나 등 꼭 필요한 경우라면 각각의 몸 상태에 맞는 영양제를 선택하는 것이 좋습니다. 무슨 영양제를 먹으면 키가 큰다는 둥 주변 이야기에 현혹되지 말고 전문가의 도움을 받아 보충하는 것을 권장합니다. 성장기에 꼭 필요한데 부족하다면 영양제로 보충해주는 것은 좋으나 과유불급인 경우가 많아 주의하도록 합니다. 모든 영양제가 먹는다고 다 흡수되는 것은 아니므로 올바른 식사와 영양제 그리고 운동과 숙면 이 네 가지를 모두 병행했을 때 효과가 나타나는지 확인하는 것이 좋습니다. 이것저것 먹을 것이 아니라 성장 환경 조건을 모두 갖추면서 보조적으로 영양제를 복용하는 것이 바람직합니다.

16

스트레스가
아이의 키성장에 영향을 미치나요?

스트레스를 받으면 성장 호르몬의 분비가 감소합니다. 스트레스를 최소화할 수 있는 환경을 조성해주는 것, 잦은 이동이나 환경 변화를 줄이는 것, 능력 이상 레벨의 학습을 과도하게 시키는 것, 형제나 친구 관계 등 소통에 어려움을 겪는 것 등을 줄일 수 있도록 많은 관심과 대화 그리고 보다 나은 조건을 만들어주기 위해 노력해야 합니다.

EPILOGUE

오늘도 아이들 때문에?
아이들 덕분에?
마음이 힘든 부모님들께

밤낮으로 아이들 고민으로 많이 힘드시죠? 부모로서 지금의 이 고민과 노력이 우리 아이들이 건강하고 반듯하게 자라 자신감 있게 살아갈 수 있는 토대를 마련해주는 과정이라 생각하면 조금 나을까요? 아무것도 바라지 않고 건강하기만을 바라는데 우리 부모들은 왜 마음이 힘들까요? 안 그러고 싶은데 안 그래도 되는데… 그게 마음처럼 참 쉽지 않지요. 특히 아이 문제만은 내려놓는 게 잘 안 되는 게 부모인가 봅니다. 많은 것을 바라는 것도 아닌데… '그냥 나보다는 컸으면', '평균은 됐으면' 하는 것뿐인데 말이죠.
우리가 '왜' 아이의 키에 대해 이렇게까지 고민하는가를 생각해보면 내 아이의 건강과 직결되는 문제이기 때문입니다. 건강은 지켜도 되고 바쁘면 안 지켜도 되는 성질의 문제가 아니죠. 키가 크다고 다 건강한 것은 아니지만 성장기에 건강해야 원활하게 잘 클 수 있는 것은 사실이에요. 그러니 '꼭 키가 커야 한다'가 아니라 '꼭 건강해야 한다'라고 생각하고 시간과 노력을 기울이는 것에 아까워해서도, 공부에 뒷전으로 밀려서도 안 되겠지요. 더군다나 성장기라는 주어진 시간 안에 해내야 하는 일이라면 더욱 하루 빨리 올바른 방법으로 집중해서 노력하고 끝까지 포기하지 않아야 이뤄낼 수 있는 것입니다.
제가 책의 제목을 '유전보다 더 강력한 힘, 키성장력'이라고 지으면서 전하고자 하는 메시지는 바로 '그 힘, 키성장력의 속성을 알면 누구나 할 수 있다'입니다. 많은 분들이 이 책을 열기 전 제목을 보고 아마도 '키? 키가 뭐 그렇게 중요하나?', '키는 유전 아닌가?', '키성장력은 또 뭐야?', '무언가 유전을 뛰어넘는 비법이 있나?'라는 생각이 들었을 것 같아요.

그런데 다 읽고 난 지금은 무슨 생각이 드시나요? 우유 먹어라, 줄넘기 해라 등과 같은 흔한 키 크는 방법을 알려줄 줄 알았는데 그보다는 부모로서 근본적으로 키성장을 대하는 마음가짐과 태도에 관해 이야기하고 있지요. 그리고 키=유전이라는 공식에 끼워 맞춰 키 애기만 나오면 내 탓 또는 남 탓을 하기보다는 키성장에 영향을 미치는 요인들은 최적화하고 키성장을 방해하는 요인들은 제거하는 이중의 노력이 동시에 이루어져야 비로소 결과를 내는 것임을 강조하고 싶었습니다.

키는 클 수도 있고 안 클 수도 있는 도박이나 모험이 아니에요. 몸의 문제이고 몸의 변화에 관한 것이므로 소중히 다루고 올바르게 다루어야 합니다. 확률이 50%도 안 되는, 클 수도 있고 안 클 수도 있는 소문만 무성한 키 크는 방법에 아까운 시간을 낭비하지 말고 키성장력을 기르고 높이기 위해 구체적이고 복합적인 노력을 기울여야 합니다.

매사에 논리적으로 사고하고 이성적인 분들도 내 아들이 170cm가 안 될 수도 있다? 내 딸이 160cm를 못 넘을 수도 있다?는 말에 완전히 이성을 잃곤 하죠. 학원 레벨 테스트에 가서 '얘는 서울대 못 갑니다' 하면 바로 공부를 포기하고 좌절하나요? 그렇지 않죠. 길고 짧은 것은 마지막에 대봐야 아는 것이지만 어떻게 해야 공부를 잘할 수 있고 어떻게 해야 키가 잘 클 수 있는지 안다면 실천할 일만 남았습니다.

늦었다고 생각할 때가 가장 빠른 때니 늦은 후회나 자책 따위는 접어두고 오직 내 가족의 건강을 위해, 오직 내 아이의 건강한 성장을 위해 올바른 노력을 다 함께 실천해보아요! 키성장력만 제대로 알면 우리 아이 건강하게 바르게 크게 키울 수 있습니다.

톨앤핏 이수경 원장 드림